澳洲房产税务实战手册

《四个杠杆》作者新作

澳洲房产税务实战手册

买入·持有·卖出·传承 —— 2026税改下的澳洲房产投资全指南

Roy Ren 著

仅为一般性信息。本书提供关于澳大利亚税务的一般性信息，内容截至2026年7月19日。本书不构成个人税务、法律或财务建议，亦未考虑你的具体情况。在依据本书任何内容采取行动之前，请就你自己的事实向注册税务师获取建议。书中注明为提案的措施，在上述日期尚未成为法律。更新：rctaxpartners.com.au/playbook

算例采用示意数字与简化假设；涉及指数化处按假设 CPI 计算。书中人物均为合成形象，没有任何示例描绘真实客户。

ISBN 978-1-7647953-3-3

RC Tax Partners 出版 · 悉尼

2026年第一版 · 正文以 Noto Serif CJK 与 EB Garamond 排印

目 录

导言 —— 先看懂这张地图 1

第一部分 —— 新的游戏规则 5

第1章 —— 四十年的钟摆 7

第2章 —— 50%折扣的终结 17

第3章 —— 2027年7月1日分界线：估值、分段与 Pre-CGT 资产 27

第4章 —— 负扣税，被隔离 35

第5章 —— 2026方案的其余部分 43

第6章 —— 你的十二个月分诊 49

第二部分 —— 买入 57

第7章 —— 合同上写谁的名字? 59

第8章 —— 新房还是二手房：税务的答案 65

第9章 —— 签字之前，先把贷款搭好 73

第10章 —— 进场的成本 79

第三部分 —— 持有 85

第11章 —— 把租赁申报表做规矩 87

第12章 —— 利息：最大的抵扣，最容易弄坏 93

第13章 —— 维修、改良与折旧 99

第14章 —— 与隔离共处 105

第15章 —— 你的家与你的投资房 111
第16章 —— Airbnb、Granny Flat 与兼职出租 117
第17章 —— 土地税与州级税层 123
第四部分 —— 卖出 131
第18章 —— 新规则下怎么算增值 133
第19章 —— 自住房豁免：用足，别用漏 139
第20章 —— 卖出的时机：税务篇 145
第21章 —— 非税务居民卖房与 FRCGW：预扣这台机器 149
第22章 —— 投资者还是开发者：那条最贵的线 153
第五部分 —— 传承 159
第23章 —— 信托，头顶一朵云 161
第24章 —— 房产装进养老金：顶楼 165
第25章 —— 身故、继承与自住房 171
第26章 —— 跨境业主：把开关放对位置 177
一页纸上的实战手册 183
附录A —— 税改状态板 187
附录B —— 抵扣速查表 191
附录C —— 记录清单 195
附录E —— 分诊矩阵 197
附录D —— 中英术语对照表 199
关于作者 205
索引 207

索引 · 随 *C10* 终版并入

导言 —— 先看懂这张地图

你手上有一套澳洲投资房，或者正准备买。过去几个月里的某个时刻——同事聊起、微信群里刷到、新闻标题、也许是某位顾问——你多半听到过同一句话的某个版本：规则变了，你该担心了。

这句话对了一半。规则确实变了——2026年6月25日，国会通过了一代人以来对房产税制最大的一次重写。负扣税、资本利得税折扣、甚至从1985年起就一直待在税网之外的资产：从现在到2027年7月1日，全都要动。

但"担心"是可选项。担心，是地图缺位时填进空白的东西。这本书，就是那张地图。

这本书承诺你三件事

按价值从低到高排。

第一，你会知道到底改了什么——不是饭桌版、微信群版，而是真实版：日期、豁免口径、祖父条款，这些恰恰是新闻标题跳过的部分。眼下流传的说法，错得很花钱：有人恐慌抛售法律本来就保护的资产，也有人对真正要命的期限视而不见。

第二，你会知道该做什么——按正确的顺序，排在日历上。有些动作确实急；大多数不急；还有几个最流行的动作，本身就是错的。读完第一部分，你会有自己的十二个月计划；读完全书，你会有一整套覆盖持有全周期的打法。

第三——也是2027年之后依然值钱的部分——你会理解这套系统为什么长这样。 这本书跑在两条大多数税务指南都不铺的轨道上：这些规则如何走到今天的四十年历史，以及每一条规则背后翻来覆去只有那么几个的底层问题。学会这些，你就不用再背规则，你开始看得懂规则。新标题、新预算、新提案——三十秒你自己就能拆解。这就是"拿着一本规则手册"和"手里有指南针"的区别。

全书执行的标准，就是挂在我办公室墙上的那一句：**法律要求之外，不多交一分钱税。** 不搞激进方案，不做一厢情愿的解读——只是完整、精确地用足那些规则。它们写进法律，本来就是给你用的。

这本书的结构

第一部分——新的游戏规则：拆解2026年税改——它从哪来（第1章——就算你之后跳着读，也请从这一章开始；它会让后面每一章都变简单）、什么取代了50%折扣、2027年7月1日分界线如何保护你已经累积的增值、负扣税隔离到底怎么运作，以及把这一切变成行动的十二个月分诊。

之后，全书沿着一个业主的生命周期展开。**第二部分——买入**：写谁的名字、买什么、贷款怎么搭、进场要花多少钱。**第三部分——持有**：出租的这些年——抵扣、利息、折旧、与隔离共处、自住与投资之间的那条边界。**第四部分——卖出**：新规则下怎么算增值、自住房豁免、时机选择，以及等着开发者和非税务居民的那些坑。**第五部分——传承**：信托、养老金、继承，和那些最终决定你家真正能留下多少的跨境问题。

可以从头读到尾，也可以读完第一部分后直接跳到你所处的阶段——每一章都能独立成立，需要时会指向相邻章节。

认识五位业主

规则配上面孔才记得住，所以有五位业主会陪你走完这本书，用真实的数字撞上每一条规则：

Jason **和** Mia Chen，住在 Chatswood 的一对夫妻：自住房一套、赶在改革截止日前买入的投资公寓一套、还计划买第二套——他们代表买入决策。Kevin Wu，三套公寓、高杠杆的资产负债表，正在掂量这场改革对一个按旧规则搭起来的组合意味着什么。**林家**，房产装在一个家族全权信托里，头顶上悬着一个2028年的提案阴影。Helen Zhang，六十八岁，她在 Burwood 的房子从1979年起就在税网之外——直到现在。还有 David Liu，2025年从上海登陆，他手里握着每个跨境家庭迟早都要问的那些问题。

他们都是合成人物——情境真实、数字示意、没有任何一位真实客户。如果其中某位听起来像你，索引会告诉你他们接下来出现在哪。

怎么用这本书

几个固定路标，让你随时知道自己在哪。**这条规则从哪来**：每条规则的来历——谁造的、为什么造——因为一条你理解了的规则，你永远不会记错。Roy **给你算笔账**：用五位业主之一，把钱算给你看。**坑**：标出人们真正亏钱的地方。每章的收尾方式也完全一致：**一句话版本**，一口气说完整章；**现在就做**，行动清单。哪怕你每章只读开头的故事和结尾这两个框，你也已经领先市场上大多数人。

开始之前，两句实话。税法会变——这本来就是这本书存在的理由——所以书里的一切以版权页上的日期为准；附录 A 维护着每项措施的带日期状态板（包括那些还只是提案的），companion 页面 rctaxpartners.com.au 会随细则落地持续更新。另外，这本书是一般性信息，不是个人建议：它会让你成为一个更敏锐的业主、一个好得多的客户，但你的合同日期、你的架构、你的数字是你自己的——在照着书里任何内容行动之前，把你的具体情况摆到一位注册税务师面前。好的那种，会很高兴你读过这本书。

现在——在规则之前，先讲那个解释规则的故事。从钟摆开始。

第 一 部 分

新的游戏规则

第1章 —— 四十年的钟摆

第2章 —— 50%折扣的终结

第3章 —— 2027年7月1日分界线：估值、分段与 Pre-CGT 资产

第4章 —— 负扣税，被隔离

第5章 —— 2026方案的其余部分

第6章 —— 你的十二个月分诊

第 1 章

四十年的钟摆

本章回答的问题：规则为什么总在变？——以及底下那五个从来不变的问题。

开场先考一题

哪一年，澳洲政府对住宅房产的负扣税做了隔离——让租金亏损不能再抵扣工资？

如果你答2026，你晚了四十一年。是**1985年**。那年7月，霍克—基廷（Hawke-Keating）工党政府隔离了负扣税，而且——这是几乎没人记得的细节——它对存量投资者做了祖父保留，跟2026年税改保护所有在2026年5月12日之前持有或已签约的人，一模一样。两年后，1987年，隔离被撤销。

单是这一个事实，就该改变你读这本书其余部分的方式。因为眼下市场里最响的声音是："规则变了，你知道的都过时了，晚了就来不及了"——而这句话错得非常具体。2026年第一号税改法案里，几乎没有一样东西是新的。指数化？澳洲1985到1999年就在用。隔离？1985年试过、1987年撤了、2019年又被提出来。给过去做祖父保留？1985年以来的每次改革都这么干。整个2026年方案里，只有一个想法在澳洲找不到祖宗，我们后面会讲到它。

澳洲的房产税不是一条直线。它是一座**钟摆**，而且刚刚完成了四十年里的第二个整摆。这一章讲的就是这个故事——不是当掌故讲，而是因为这段历史回答了真正与你有关的三个问题：哪些规则是基岩、哪些只是天气？"祖父保留"到底承诺了什么？拨开所有条文编号，这套系统到底想干什么？ 这三个问题一旦答得上来，后面每一章就不再是一堆要背的规则，而是一套你看得懂的招式。

这是全书唯一一章：没有抵扣可以申报、没有表格要填。但它对你判断力的提升，会超过其他任何一章。

1985年以前：免税的荒原

澳洲所得税的头七十年，根本没有资本利得税。

这不是疏忽，是定义使然。所得税生来是对流量征税——工资、租金、生意利润——那些定期到账的钱。你的资产在悄悄变得值多少钱，不是流量，所以不是所得，所以不征税。1960年在 Strathfield 买套房，1980年四倍价钱卖掉，一分税不交。

除非，你越过了法院早在国会立法之前就画下的那条线：**资本与经营**（capital / revenue）的分界。如果你买卖房产本身就是做生意——开发商、连环分割土地的人、名为"投资"实为逐利计划的人——你的增值就是经营所得，全额征税。投资者一分不交；生意人分分都交。这条线比资本利得税本身还老，扛过了之后的每一次改革，至今仍是房产税里最贵的一条线（第22章整章讲的就是你站在线的哪一边）。

到1970年代，这趟免费车已经明显在扭曲经济——钱涌向资产，恰恰因为增值不征税。1975年，阿斯普雷委员会（Asprey Committee，联邦税制审查委员会）建议开征资本利得税。政治就是政治，之后十年什么也没发生。

1985年：系统长大成人的一年

然后是1985年的全国税务峰会。时任国库部长基廷（Paul Keating）的一揽子方案，在一年之内重建了整个版图。那套方案里的四个决定，至今仍框定着你手上的每一套房：

第一，资本利得开始征税——但只征真实的那部分。 从1985年9月20日起，资产卖得比成本高，增值要交税。但成本先做**通胀指数化**：如果你的房子只是跟上了物价，卖掉的钱能买到的东西并不比从前多——你并没有真的变富——那就没有什么可征的。只有跑赢通胀的增长才算数。记住这个逻辑；它马上又要变成你的日常。

第二，已经持有的一切，永久豁免。 1985年9月20日之前取得的资产，永远留在税网之外。"Pre-CGT"（前资本利得税资产）成了一个咒语级的词，一份塑造了两代人遗产规划的祖父承诺。把"永远"这个词记在心里；我们会回来找它。

第三，自住房被整体划了出去。 自住房豁免（main residence exemption）画下一条边界——这边是家，那边是投资——四十年来，两党没有任何一届政府敢动它。它至今仍是大多数澳洲人一生中拿到的最值钱的一项税务优惠。

第四，负扣税被隔离。 从1985年7月起，新增租赁投资的利息亏损只能抵租金收入；多出来的部分等着，逐年结转，直到这套房产出收入或增值。逻辑是会计这行最古老的原则——配比：亏损应该配到它为之发生的那份收入头上，而不是你的工资上。存量投资者受到保护。

注意1985年的这套架构，因为它成了澳洲的模板：**改革向前，保护过去。** 新规则管新增值、新购入；祖父条款管已经发生的一切。1999年你会再见到它，2026年5月12日你已经又见了一次。

1987年：第一次回摆

隔离只活了两年多一点。

1986到1987年间，悉尼和珀斯的租金猛涨，一场来势汹汹的运动——地产协会、建筑商、投资者——把矛头齐齐指向隔离：掐死税务好处，投资者跑路，租金上天。1987年9月，政府认输，全面恢复负扣税。

对你的判断力真正要紧的是这一段：证据从来没有坐实过。同一段隔离期里，墨尔本、布里斯班、阿德莱德的租金几乎没动——而悉尼和珀斯，恰恰是改革之前空置率就接近于零的两个城市。经济学家为此吵了四十年。吵不动的是所有人带走的那条政治教训：一场租金恐慌就能杀死房产税改革，不管恐慌是真是假。

把这句写在便利贴上：**房产税是穿着经济学外衣的政治。** 以后任何人——包括我——告诉你现行规则是永久的，都想想这句。它两头都砍：它解释了改革为什么会被撤销，也解释了"祖父条款"为什么总被兑现。政客怕愤怒的业主，胜过爱整洁的税收理论。

1999年：大甜头

十四年里，指数化安安静静、规规矩矩地干活。然后1999年的拉尔夫税制评估（Ralph Review）嫌它太复杂——那么多季度指数因子——提出了一个更简单的方案。从1999年9月21日起，指数化被冻结，取而代之：资产持有超过十二个月，只有一半的增值需要交税。个人和信托拿50%；养老金基金拿三分之一；公司什么也没有。

台面上的理由是简化和吸引投资。实际效果，是一场当时没人算清价格的制度更替。想一想：指数化只遮通胀。折扣遮的是一切的一半——通胀和真实增长一视同仁。在随后的低通胀年代，一套悉尼房产十年翻倍、对面通胀只有25%，折扣遮掉了增值的一大半，而指数化只会遮掉四分之一。1999年的改动，悄悄把澳洲从"足额征真实利得"挪到了"减半征名义利得"——对澳洲人最爱的那种高增长、高杠杆资产，是一次巨额减税。

再把它跟1987年起就不再隔离的负扣税结婚，你就得到了定义一代人的公式：大胆借钱，亏损现在抵工资，将来半价卖给税务局。 高杠杆房产投资者成了国民原型。这是本书每一位读者长大的世界，也是2026年5月12日终结的世界。

1999年还留下两条你真会用到的脚注。50%／三分之一／零的阶梯，让**资产在谁手里**变得和资产本身一样重要——第7章要走的那套架构层级，就诞生在这里。另外，冻结指数化从没离开过法典：1999年9月之前的资产，业主今天仍然可以选它而不选折扣。旧系统的一块活化石在法律里躺了二十七年——如果你还需要证据的话：在税法里，旧制度不会死，只会被祖父保留。

2010–2025：漫长的争论

钟摆不是因为哪位国库部长一觉醒来受了启发才摆的。压力先积累很多年。顺着捋：

2010**年**——亨利税制评估（Henry Review）建议把实际折扣砍到40%，并向土地税再平衡。方案被搁置，但知识层面的论证从此在案。2012**年**——非税务居民彻底失去 CGT 折扣：1999年格局的第一道裂缝，而且明确冲着海外业主来（第26章的读者请注意）。2016–17**年**——外国居民资本利得预扣税（FRCGW）以10%登场，随后加到12.5%——到2025年更升至15%、门槛全部取消（第21章）；住宅租赁的差旅抵扣被废止、二手设备折旧被拒绝——这是1987年以来第一次贴着负扣税动刀，几乎没遇到抵抗就通过了。2019**年**——工党把整套方案带上大选：负扣税只留给新房、折扣砍到25%。结果输掉了那场"稳赢却输掉的大选"，政治圈就此认定房产税是高压线。之后几年，这个结论一直有效。

然后2020年代把政治翻了个面。利率上行、租金飞涨，整整一代人发现自己被挤出了市场——租客和住在父母家的成年子女，成了比高杠杆房东更大的票仓。2023年宣布的 Division 296 养老金附加税，证明政府敢碰以前的圣牛还能活下来。到2026年，"受害者联盟"已经换边站了。2019年那条教训——别碰房产——悄悄过期。

2026年5月12日：摆回来了

预算之夜，2026年5月12日。2026年第一号税改法案（Treasury Laws Amendment (Tax Reform No. 1) Act 2026）6月25日通过。现在，用这一章教你的方式读这套方案——当作回归，而不是发明：

2026年的措施	它的祖宗
成本基数**指数化**取代50%折扣（2027年7月1日起累积的增值）	1985–1999年的系统，原样归位。征真实利得，不征名义利得
负扣税隔离至新房	1985–87年的隔离，重新设计——"新房豁免"直接从2019年竞选纲领里搬来，就为掐灭1987式的租金恐慌
祖父保留：2026年5月12日前的持有受保护；2027年6月30日前累积的增值经估值分段保留折扣	1985年的模板：改革向前，保护过去
Pre-CGT **资产入网**（2027年7月1日起）	不是新规——是1985年那份祖父承诺在四十一年后到期
资本利得30%**最低税率**	**没有祖宗**。整套方案里唯一真正的新东西

最后一行值得单独一段，因为它是这次改革真正的发明。之前两套制度——指数化和折扣——都没碰过一根杠杆：税率。不管应税金额多少，它都落在你的边际税率上，所以在低收入年份变现（退休后、间隔年、放在配偶名下）能把税推向零。30%地板关掉了这根杠杆。整个2026方案的设计逻辑，一句话：**只征真实利得，但全额征、按套不了利的税率征**

——并且让亏损等到属于它的收入出现。 同不同意是一回事；这是一套自洽的哲学，而你一旦看见它，第一部分里每条细则就都不再显得随意。

再注意 pre-CGT 那一行告诉你的关于"永远"这个词的事。1985年的豁免，是澳洲税法给出过的最坚固的承诺。它跑了四十一年——然后一条估值线画下，未来增长的计价表开始走字。没有人被追溯征税；过去仍受保护。但那个承诺，终究是有期限的。归档备查：**祖父保留 = 受保护，= 永生。**

五个从来不变的问题

四十年摆来摆去——而在底下，这套系统从头到尾只在问五个问题。这本书里的每条规则，都是立法者对其中一个问题的当前答案；这一章里的每次改革，都是一个答案在换。学会这五个问题，地图就是你的了：

1. **资本还是经营？** 你是变现资产的投资者，还是在跑一门逐利生意？投资者进 CGT 世界，享受全部优惠；生意人全额交税外加 GST。最古老的问题——比 CGT 本身还老——而且答案几十年没动过。（第22章。）

2. **谁的手里？** 同一笔增值，在你名下、配偶名下、信托、公司、养老金里，税各不相同。1999年的阶梯让它成为一个严肃问题。2026法案没改阶梯的规则——但它收紧了其他一切、唯独没碰养老金，把梯级之间的差距拉到了史上最宽。（第7、23–24章。）

3. **真实还是名义？** 通胀算不算所得？1985年说不算。1999年说"我们不问了"。2027年再次说不算——而且斩钉截铁。（第2–3章。）

4. **现在还是以后？** 增值在什么时点算实现——合同日、十二个月线、2027年7月1日线——亏损又在什么时点可以扣？用这个角度理解隔离，它就不吓人了：它不否认你的亏损，它让亏损**等**匹配的收入。一条时点规则，不是没收。（第4、14、20章。）

5. **自住还是投资？** 1985年画的那条边界，至今未动。整套系统里最值钱的一个答案——也正因为它太慷慨，四周布满了关于房产跨线时怎么办的技术规则。（第15、19章。）

拿这张卡片给2026年税改打分：它改了**问题3和4**的答案，在不动规则的前提下拉宽了**问题2**内部的价差，而**问题1和5**在原地站了四十年。这就是整部法案的一句话总结——同时也是你的风险地图。稳定的问题是可以起高楼的基岩。刚动过的问题，从前也动过，以后还能再动。

钟摆教你的三件事

三条工作结论，本书其余部分默认你已经吸收：

祖父保留是租约，不是永久产权。 每次摆动都保护了过去——1985年的 pre-CGT 承诺、1999年的冻结指数化、2026年的5月12日线和估值分段。这个传统是真的，你可以信赖它不会追溯征税。但 pre-CGT 承诺刚在四十一年后到期。你的祖父保留头寸今天确实受保护；一套只有在它们永远受保护时才成立的策略，是一套没给风险定价的策略。

把每条规则分进基岩或天气。 资本／经营线、自住房豁免、按合同日实现：基岩。折扣的百分比、负扣税的边界、养老金的优势：天气——每一样在有生之年都至少变过一次。长期架构建在基岩上；依赖天气的头寸，握着出口再持有。

回摆会发生——两个方向都要有预案。 1987年就是证据。如果租金在2028–29年猛涨，要求解除隔离的运动会自己写好剧本，有没有证据都一样。这不是预测；这是一个理由——优先选第6章里那些无论钟摆动不动都成立的打法，而不是押注2026年设置永远不变的赌法。

房产税是穿着经济学外衣的政治。

Roy 给你算笔账：一套房穿越三个时代

把一套房跑过三套制度，历史就变具体了。一套公寓 $500,000 买入、十年后 $900,000 卖出——增值 $400,000，对面是28%的累计通胀——按每个时代的规则、用今天的税率来算，以便比较：

业主税率	**1985规则（指数化）**	**1999规则（折扣）**	**2027规则（指数化+地板）**
47%	应税 $260,000；税 $122,200	应税 $200,000；税 $94,000	应税 $260,000；税 $122,200
25%	$260,000；$65,000	$200,000；$50,000	$260,000 按30%地板；$78,000

慢慢读第一行：对一个顶格税率的纳税人，2027年不只是像1985年——它把1985年复制到了一美元不差。这张表里的反常项不是2026年税改，而是中间那一列：那个二十七年的折扣时代，一段被整整一代人误当成自然秩序的历史特例。再看第二行：它单独圈出了整套方案里唯一真正的新钱——地板贡献的那 $13,000，全表中唯一一个在1985年找不到祖宗的数字。四十年税收政策，一套房，六个数。

一句话版本

2026年税改不是天降陨石，而是钟摆：澳洲摆回了它1985年的答案——只征真实利得、但全额征，并让亏损等待匹配的收入——添了一件真正的新发明（30%地板），并延续了它保护过去的四十年习惯。

现在就做

1. **把五个问题存档。** 读每一章——以及这本书之后的每条新闻——都把规则归进它对应的问题。归不进去，说明你还没懂它。
2. **把你的祖父保留头寸重读成租约。** 列出你在2026年5月12日保护线内持有的一切，并给每一项写下：如果这份保护被加上十年日落条款，你会怎么办。有了答案，你会冷静得多。
3. **给你的计划做1987测试。** 隔离被撤销，你的策略还成立吗？设置二十年不动，还成立吗？优先选两问都答"是"的动作——第6章的分诊正是建在这上面。
4. **别再把恐慌当信息。** 看到"截止日前赶紧行动"的消息，先问：哪个问题变了？过去受保护吗？2026年，和1985年、1999年一样，过去受保护。所谓的期限压力，通常是某个人的营销。

第 2 章

50%折扣的终结

本章回答的问题：真实还是名义？——*2026*年*6*月*25*日拨回原位的那个旋钮，和随之而来的地板。

Kevin 的 $52,000 误会

2026年5月预算之夜后的那一周，一位我称作 Kevin 的客户打来电话，要在月底之前把他三套投资公寓全部挂牌。他读到50%资本利得税折扣要被废除，拿2019年买的那套快速心算了一下，得出结论：每晚卖一个月都在亏钱——按他的算法，如果拖到新规生效后再卖，一套房要多交大约$52,000。

Kevin 的算术没问题。错的是他的前提，而这正是税改通过以来我听到的最常见的一个误会：他以为2027年7月1日之后卖房，新规则就适用于他的全部增值——包括那些在没人听说过这部法案的年代里早已发生的增长。

不是这样。新规则适用于*2027*年*7*月*1*日起累积的增值。你的房产在那个日期之前挣到的一切，都保留旧的处理方式，由2027年7月1日画下的一条估值线锁定——第3章会讲清楚这条线怎么画、以及你今年就该为它做什么。Kevin 不需要把三套房甩卖进一个疲软的冬季市场。他需要的是弄明白到底什么变了。

那就是这一章的工作。因为确实有一件很大的事变了：澳洲对资本利得征税的方式被从地基上重建，你的房产从2027年7月起挣到的每一块钱增值，都活在新系统之下。你不需要恐慌。但你需要知道这台机器怎

么转，因为它改变了本书后面几乎每一个问题的答案——买什么、持多久、什么时候卖、写在谁的名下。

二十七年的半价增值

第1章把四十年的故事讲全了；这里是本章需要的两分钟版本，因为新系统有一半是套旧系统。

资本利得税1985年登场时，带着**指数化**：你的购入成本按通胀向上调整，只对真实增值——跑赢通胀的那部分——征税。逻辑说得过去：如果你的房子"涨"得和整体物价一样快，你并没有真的变富，那就没有什么真实的东西可征。

1999年，指数化被废除，换上了一个更简单、而且对大多数房产投资者慷慨得多的东西：资产持有超过十二个月，只有**一半**的增值需要交税。不用算通胀、不用查指数因子——除以二就完了。二十七年来，这个50%折扣一直是澳洲房产投资安静的发动机。它是 $700,000 增值只产生 $350,000 应税额的原因，也是那么多长期财富策略归结为一句"买入、持有、半价卖给税务局"的原因。

2026年6月25日通过的2026年第一号税改法案，终结了这个时代。对2027年7月1日起累积的增值，个人、信托与合伙的50%折扣取消。取而代之，澳洲回到了它1999年抛弃的系统——指数化——外加一个对部分读者改变一切的新东西：**税率下面的一块地板**。

两个旋钮动了。我们一个一个来。

旋钮一：按真实增值征税

新规则下，你的成本基数——大体上，就是这套房产的取得、持有和改良花掉你的钱（第18章拆解五大要素）——在每笔成本发生日到卖出日之间做**通胀指数化**。然后，你按卖价与这个膨胀后成本基数的差额交税。和从前一样，这项优惠要求持有超过十二个月；短线快翻从来没有过折扣，现在也没有指数化。

先来个小例子，再来个真的。假设通胀每年2.5%，你持有一套房十年。物价整体比你买入时高了约28%。$600,000 的成本基数，在税务上大约变成 $768,000。如果你正好以 $768,000 卖出，应税增值为零——房子只是跟上了通胀，实际上你什么也没挣到，新系统同意这个判断。

注意这意味着什么。指数化是对通胀的完美保护，这是旧折扣从来没给过你的。但它保护的也只有通胀。每一块**跑赢**通胀的增长，现在都全额征税——而旧折扣遮的是一切的一半，通胀和真实增长一视同仁。

> **坑：**"指数化"不是说你的增值被砍半，或者按什么慷慨的系数往下调。在一个正常的十年里——房产每年涨5–7%、通胀2–3%——指数化替你遮住的增值，少于折扣遮住的。对典型的增长型资产，旋钮一是加税。你自己情况的算术，就在下文。

旋钮二：30%地板

第二个变化拿到的版面比第一个少，但会在卖出的那一刻让更多人吃惊：净资本利得现在按**不低于**30%的税率征收。

旧系统下，资本利得直接加进你的收入、按边际税率交税。这催生了一个经典策略：挑一个低收入年份变现——退休之后、职业空档期、生意亏损的那一年——看着增值按十六个百分点交税，有时配合抵免，实际接近零。整套整套的退休计划就建在这上面。

地板终结了它。如果你的边际税率高于30%——年收入超过大约 $135,000 的人都是——地板对你没有任何改变；你继续按边际税率给增值交税。但如果你是退休人士、替家里持有投资的低收入配偶、或任何打算在清淡年份卖房的人，地板意味着增值再也不能顺着你的低税阶往下溜。百分之三十，是新的底。

> **坑：** 地板是下限，不是统一税率。我已经看到社交媒体上有帖子说"CGT 现在对所有人都是30%"。不对。顶格税率的纳税人，对（指数化后的）增值照样交47%（含 Medicare levy）。地板只咬那些税率本来会低于30%的人——这正是为什么它是退休阿姨的问题，不是外科医生的问题。

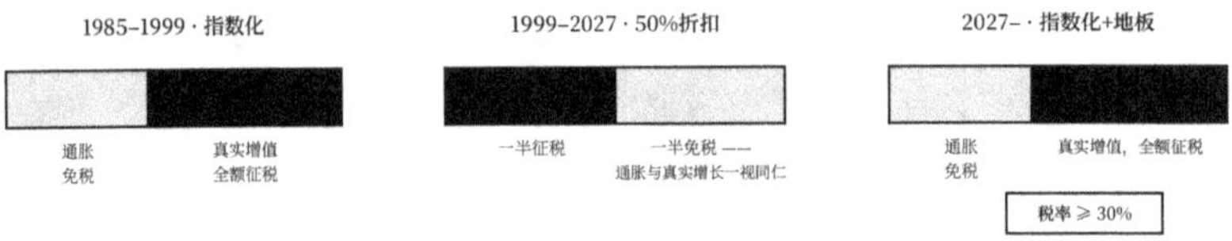

同一笔增值，三个时代：每套系统摆到税务局面前的部分。

谁在新系统里面

新规则覆盖**个人、信托与合伙**——也就是说，这本书的读者几乎全在里面，不管你是自己名下、联名，还是通过家族信托持有。而且它覆盖**所有类别的 CGT 资产**：住宅、商业地产、股票、加密货币，全部。这不是一项只针对房产的措施；它只是对房产投资者伤得最重，因为长期持有和大额名义增值都住在房产里。

流经家族信托的增值，和个人一样失去折扣——说清楚：这跟另一个提案——2028年起对信托收入征30%最低税——毫无关系，那个还不是法律，第5章和第23章会单独处理。别让任何人把这两件事糊成一个吓人的故事。

公司从来没有过折扣——而且最终方案确认，公司也不拿指数化：公司继续按公司税率对名义增值交税，跟从前一模一样。这次改革唯一够得着公司的部分是 pre-CGT 的变化——公司持有的1985年前资产，和所有人的一样在分界线上入网（第3章）。

然后是那个例外中的例外：**养老金基金，包括你的 SMSF，毫发无损。** 养老金保留现有的 CGT 处理。做个对比：一笔长期持有的增值在养老金里，实际税率大约10%；同一笔增值在你自己名下，现在对指数化后的金额至少征30%。在澳洲税史上，养老金内外投资的差距从没这么宽过——第24章讲的就是拿这个事实怎么办。

指数化是对通胀的完美保护——它保护的也只有通胀。

Roy 给你算笔账：下一套房

Jason 和 Mia Chen 有 Chatswood 的自住房和一套投资公寓，正计划买第二套。因为那次购买从第一天起就归新规则管，他们的例子能把新世界干干净净地展示出来，没有过渡期的复杂性。

假设他们2027年7月买入，总成本基数 $900,000，持有十年，以 $1,600,000 卖出。假设通胀年均2.5%（示意——法律用的是实际公布的 CPI 数字）。Jason 是家里的高收入方，边际税率47%（含 Medicare levy）。

	旧规则（50%折扣）	**新规则（指数化+地板）**
卖价	$1,600,000	$1,600,000
成本基数	$900,000	$900,000 指数化 × 1.28 = $1,152,000
名义增值	$700,000	$700,000
应税增值	50% = $350,000	$1,600,000 & $1,152,000 = $448,000
按47%的税	$164,500	$210,560
增值的实际税率	23.5%	30.1%

同一套房、同样的增长、同一个买家：**多交** $46,060——新系统对这笔增值征税的部分，比旧系统多了大约28%。这就是一套典型增长型房产在一个典型十年里的诚实标题，也是为什么这场改革哪怕对再也不打算负扣税的投资者也依然要紧。

谁赢谁输：双旋钮判决

现在你已经有了我在全书余下部分都要用的一条经验法则所需的一切。

旋钮一——税基。 只有当你房产的总价格涨幅低于同期累计通胀的**两倍**时，指数化算出的应税增值才会比折扣小。涨得比这快——历史上大多数选得好的房产都比这快——折扣本来会更仁慈。悉尼十年翻倍对28%的通胀，离这条线远得很；十年总涨幅得低于大约56%，指数化才开始占上风。

旋钮二——税率。 地板从不帮任何人。你的边际税率在30%及以上，它是中性的；低于30%，它就是一次直接的加税。

把两个旋钮合在一起：

	增长快于2倍通胀	增长慢于2倍通胀
边际税率30%及以上	更差——税基更大，税率不变	更好——税基更小，税率不变
边际税率低于30%	最差——税基更大且税率更高	看情况——更小的税基对抗更高的税率

右下角那个格子值得来个真例子，因为很多退休人士就住在里面。Helen Zhang，68岁，半退休，其他收入约 $22,000，卖出一套增长缓慢的地区公寓：$400,000 买入，七年后 $520,000 卖出——总涨幅30%，对面累计通胀约19%。旧规则下，$60,000 的应税增值落在她的低税阶上：按现行居民税率约 $14,800，不含 Medicare。新规则下，她的指数化成本基数约 $475,600，应税增值 $44,400，按地板30%征：$13,320。反而略好——更小

的税基险胜了更高的税率。现在把 Helen 换成一套高增长资产重跑一遍，两个旋钮同时转向不利于她的方向。同一个人，相反的结果：在新系统下，你持有什么和你挣多少，会以旧折扣从没逼你思考过的方式相互作用。

再补一句公道话，求个平衡：在高通胀、低增长的行情里——你的房子一年蹭3%、CPI 却烧得很旺的那种市场——新系统对你真心比旧的仁慈，因为指数化全额吸收了折扣只砍一半的东西。这场改革并不让每个投资者都变差。它让增长成为被征税的那个东西，也让你个人的税率在低端比以往任何时候都更不重要。

这一章不是什么

三条边界，让后面几章落在正确的位置。

分界线保护过去。 这里没有任何东西对你的房产在2027年7月1日之前实现的增长征税——那部分经由估值分段保留在旧规则之下，那是第3章的内容，也是 Kevin 留住三套房的原因。在截止日前恐慌卖出，等于为一项法律本来就给你的好处，交出你对时机的控制权。

这不是负扣税那项改革。 租金亏损的隔离是一项独立措施，起跑线不同——2026年5月12日，不是2027年7月1日——逃生口也不同。第4章。

你的家是安全的，你的养老金也是。 自住房豁免未被这次改革触动（第19章讲怎么保护它），养老金基金完全坐在新 CGT 规则之外（第24章讲怎么用它）。

Roy 给你算笔账（二）：Helen 的格子，正反两面

右下角那个格子值得跑第二遍，因为换一套资产，Helen 的结果整个翻面。同一位卖家——其他收入 $22,000——两套不同的公寓，各持有七年：

	慢增长：$400k 到 $520k（30%，对19%通胀）	**快增长：$400k 到 $640k（60%）**
旧规则：应税	$60,000 按她的税阶 ≈ $14,800	$120,000 按她的税阶 ≈ $33,300
新规则：指数化后应税	$44,400 按地板 = $13,320	$164,400 按地板 = $49,300
判决	新规则**省约** $1,500	新规则**多交约** $16,000

同一个人、同样的收入、同样的持有期——相反的结果，完全由资产长在"两倍通胀线"的哪一侧决定。慢的那套，更小的税基赢了更高的税率；快的那套，两个旋钮一起输。这就是为什么这场改革没法用"对退休人士好"或"坏"一句话概括，也是为什么第6章的分诊要求你先给每套房产的增长故事单独归类，再决定任何事。

一句话版本

从2027年7月1日起，只有你跑赢通胀的增值才被征税——但被全额征、按你的边际税率或30%取其高，所以高增长房产现在交得更多，而"低收入年份卖出"这条路，死了。

现在就做

1. **别在2027年7月前恐慌卖出。** 已经累积的增值经由估值分段保留50%折扣——在做任何被截止日驱动的卖出决定之前，先读第3章。
2. **给你的每套房产跑一遍双旋钮：** 它的增长大概率跑赢两倍通胀吗？你卖出时的边际税率会在30%之上还是之下？这张格子就是你带进第6章的分诊单。
3. **如果你的退出计划是"等我退休、收入低了再卖"，重新定价。** 30%地板改写了那道数学题——第20章重建时机策略。
4. **现在就给每套房产建一份估值证据档案——**可比成交、中介评估、2027年年中的房况照片。第3章解释这份档案为什么可能值几万块钱。
5. **把"养老金差距"列进你下次顾问会议的架构问题清单**（第24章），尤其如果你离卖出还有十年以上。

第 3 章

2027年7月1日分界线：估值、分段与 Pre-CGT 资产

本章回答的问题：现在还是以后？——而这一次，两个答案都值真金白银。

税务系统按下快门的那一夜

2027年6月30日午夜，澳洲税务系统会给全国每一件投资资产拍一张照片。没有人来敲你的门，信箱里也不会多出任何东西。但那张照片记录下的数字——你每一套房产在那一夜值多少钱——会坐进你此后持有期内做的每一次资本利得计算，安安静静地决定你有多少钱按慷慨的旧规则征税、多少钱按新规则。

大多数业主还没抓住的是这一点：**你对那个数字有实实在在的影响力。** 不是靠许愿，而是靠选对方法、掐准证据的时点，某些情况下再在恰好正确的那个月花几百块钱。这一章讲的，就是主动地、深思熟虑地拍下这张照片——而不是任由系统替你拍。

> **这条规则从哪来。** 澳洲从没有追溯征收过已累积的增值——四十年里一次都没有。1985年，已持有的一切被永久豁免。1999年指数化让位给折扣时，存量资产的业主保留了一个冻结指数化的选择权，它至今还在法律里。2026年税改用第三种装置延续了这个传统：在2027年7月1日画一条估值线，线后面，你已累积的增值保留50%折扣。不过，同一部法案也展示了这个传统的边界——1985年给 pre-CGT 资产的"永久"豁免，在四十一年后刚刚到期。过去受保护；但保护有期限。

分段怎么运作

如果你在2027年7月1日之前取得一套房产、之后卖出，你的增值会在分界线处被切成两段：

第一段——取得日到2027年6月30日：旧规则。 截至线日累积的增值，享受你一直熟悉的待遇，包括持有超过十二个月的50%折扣。

第二段——2027年7月1日到卖出：新规则。 线值成为这一段视同的起点。它从2027年7月1日起指数化到你的卖出日，超出部分按你的边际税率全额征税，下面垫着30%地板（第2章的双旋钮）。

因此，一切都压在一个数字上：**线上的价值**。法律给你两种定法：

方法一——正式估值。 由注册估值师评估房产在2027年7月1日当日的价值。一套标准住宅大约花 $400–$800，而且可以事后补做——不过，一个2032年靠着褪色记忆和档案数据干活的估值师，会比一个在2027年冬天拿着新鲜可比成交干活的，收得更贵、辩护得更弱。

方法二——法定公式。 对不做估值的业主，法案授权部长以立法文书设定分摊方法，其机制法律已经点名：每一件过渡资产在分界线上做一次**视同出售并重新取得**，名义增值递延到你实际卖出时。在文书发布之前，实质上可以预期一个按时间摊分增值的算法——附录 A 跟踪它的最终形状。下面的策略不受影响，照样成立。

两种方法，可能切出两个大不相同的分段。于是只剩一个要紧的问题：哪种方法能让你更多的增值落进打折的那一段?

现在锁定证据，卖出时再选方法。

Roy 给你算笔账：Kevin 那套房，两种算法

再见 Kevin 的2019年那套公寓——第2章里他差点恐慌抛售的那套。成本基数 $650,000，2019年6月；假设他2029年6月以 $1,150,000 卖出。总增值：十年 $500,000——线前八年，线后两年。

现在是关键的真实世界细节：悉尼的这轮上涨大头在前期。到2027年年中，这套房真实价值已约 $1,080,000；最后两年几乎走平。看两种方法各自怎么处理这个事实（Kevin 顶格税率；第二段按示意 CPI 年均2.5%指数化）：

	正式估值（线值 $1,080,000）	**兜底公式（增值平摊）**
第一段增值（旧规则）	$430,000 —— 折扣后应税 $215,000	8/10 × $500,000 = $400,000 —— 应税 $200,000
隐含线值	$1,080,000	$1,050,000
第二段（指数化后）	$1,150,000 & ($1,080,000 × 1.051) —— 应税 $15,300	$1,150,000 & ($1,050,000 × 1.051) —— 应税 $46,800
应税合计	$230,300	$246,800
按47%的税	$108,200	$116,000

一份 $600 的估值报告，在一套房上、只有两个线后年份的情况下，赚回了 $7,800——十三倍于它的成本。把持有期拉到2035年、增长再往前压一压，差距会拉进五位数。

现在把增长模式反过来，答案就翻面。一套2027年前一直爬行、之后才爆发的地区房产，真实线值低；平摊公式会把比估值更多的增值记进打折时代。**工作法则：前置增长要估值；后置增长可能更爱公式。** 逐套资产判断——而既然2027年没人知道后面的增长会怎么落，那个让所有选项都保持敞开的动作，对谁都一样：现在锁定证据，卖出时再定方法。

> **坑：** 估值是专业意见，不是许愿。一个背后没有可比成交撑着的激进数字，等于邀请 ATO 换上它自己的数——外加利息、外加罚款。用注册估值师，留好可比成交，让数字经得起辩护，而不是逞英雄。上面那 $7,800，来自对前置增长的一次准确估值，不是一次注水估值。

那个值五位数的牛皮纸文件夹

不管你最后做不做正式报告，2027年冬天先把档案建起来。每套房产：

- **两到三份书面中介评估**，日期落在2027年6月30日前后几周内——中介免费提供，而同时期的意见对日后干活的估值师就是黄金；
- **你所在城区2027年秋冬的可比成交**（存下整个挂牌页，不只是价格）；
- **2027年年中的照片和房况小结**——2033年的估值师需要知道那时它还没换新厨房；
- **市政费与土地价值通知、租金评估、以及你到当时为止的装修记录。**

一个下午的活。它是这十年里，没有对手的、最便宜的税务筹划。

> **数字被质疑的时候。** 一个被 ATO 争议的线值，赢或输都在档案上，所以按打官司的标准建它——尽管它几乎永远走不到那一步。委托完整书面估值，不要路边估价；委托函措辞保持中性（"估2027年7月1日的价值"——绝不写"我们需要至少110万"）；把可比成交钉在报告后面；整套留到卖出年度评税后的第五年——对房产来说，就是几十年。真有审查来了，一份同时期建立、以证据立论、经注册税务师尽合理注意申报的档案，能在数字本身按事实辩论的同时，保你不挨罚款。还有，永远不要为了猎一个更高的数连环委托估值：草稿和被弃用的报告都是可披露材料，没有什么比这更快把一场估值争议变成动机问题。
>
> **坑：** 分段保护的是增值，不是急性子。2027年3月买、2027年12月卖的资产，持有不满十二个月——第一段没有折扣，第二段没有指数化，全额按边际税率。分界线不拯救短线，从来都不。

Pre-CGT 资产：四十一年的承诺到期

Helen Zhang 1979年花 $62,000 买下 Burwood 的房子，在里面把孩子带大，2010年搬去小房子后一直出租。她整个成年人生里，这套房都是一件 pre-CGT **资产**——1985年9月20日之前取得，完全在资本利得税网之外，不管它后来值多少钱。（如果她一直住在里面，自住房豁免会从另一扇门保护它——第19章。作为出租房，一直是 pre-CGT 身份在独自扛。）

从2027年7月1日起，计价表开始走字。这套房从1979年到2027年年中挣到的一切，永远免税——假设估值师给出线值 $2,350,000，那整整229万的增长碰都碰不得。但线之后的增长按新规则应税，从线值起做指数化。

跑一遍 Helen 的两种未来。如果 Burwood 只是跟着通胀走、她2031年以 $2,600,000 卖出：指数化把她的线值抬到约 $2,594,000，应税只剩约 $6,000——260万的交易，交约 $1,800 的税。当增长缓慢时，新规则咬

pre-CGT 业主咬得很轻，恰恰因为指数化完整地遮住了通胀。但如果 Burwood 冲到2031年的 $3,000,000，应税段约 $406,000，按30%地板，Helen 要交 $120,000 以上——为一件她花了四十年相信永远不会被征税的资产。

现在注意两种未来的共同点：**2027年7月1日估值里每一块站得住的钱，都是一块被永远遮住的钱。** 对1985年后的资产，线值只是在两个都要征税的制度之间挪增值。对 pre-CGT 资产，线值挪的是征税与永不征税之间的增值。所以我的建议在这里分岔：普通资产，建好证据档案、卖出时再选方法；pre-CGT **资产，2027年当年就请注册估值师做正式估值。** 这是我唯一绝不肯把数字留给兜底公式的类别，也是我会称之为"一位 pre-CGT 业主此生最值钱的一张税务纸"的那份文件。

给1990年代购入者的一条脚注，来自第1章那块活化石：1999年9月21日之前购入的资产，第一段仍然保留"50%折扣 vs 冻结指数化"的旧选择权——这意味着一套1996年买入、2030年卖出的房产，一次计算要横跨三套制度。那是你会计师的谜题，不是你的；但现在你知道账单附注里为什么会提到它了。

Roy 给你算笔账（二）：公式站你这边的时候

现在讲上面许诺过的反例。一套地区房2018年 $420,000 买入，爬到2027年年中真实价值只有 $470,000——随后该地区爆发，2031年以 $680,000 卖出。总增值 $260,000；线前九年，线后四年。

正式估值（真相）：第一段 $50,000 —— 应税 $25,000；第二段，$680,000 减去 $470,000 指数化四年（×1.104）—— $161,200 **全额应税**。合计：$186,200。

兜底公式（平摊）：第一段拿增值的 9/13，$180,000 —— 应税 $90,000；隐含线值 $600,000 指数化后，第二段只剩 $17,700。合计：$107,700。

公式让**多出** $78,500 的增值躲进了打折的那一段——按47%约值$36,900。同一份让 Kevin 赚钱的 $600 估值报告，会让这位业主亏掉三万六千块，因为他的增长是后置的，诚实的数字反而对他不利。整套策略浓缩在这一组对比里：方法是**逐套资产、在卖出时、带着后见之明**选的——而你2027年建的那份证据档案，就是让两扇门一直开到你知道哪扇更划算的东西。

一句话版本

2027年7月1日之后卖出，不会交出你已经挣到的任何东西——已累积的增值躲在那一夜画下的线后面，继续按旧规则——而因为线怎么画你有影响力，逐套资产地，一个2027年冬天建好的牛皮纸文件夹加一次选得好的估值，值五位数的税。

现在就做

1. **现在就把2027年4–6月写进日历：** 每套房两到三份书面中介评估、照片、可比成交。每套一个下午。
2. **给每套房产的增长故事归类**——前置（估值大概率赢）还是后置（公式可能赢）——并且不管归哪类，都先把证据锁住，让两个选项都开着。
3. Pre-CGT **业主：预约注册估值师，做2027年7月1日的估值**。不用公式、不走捷径——那个数字是你永远的免税地板。
4. **成本基数的考古工作趁早开始**。几十年前的合同、印花税、改良发票，重建起来要好几个月——第18章列出你要找的五大要素。
5. **别为了"赶在线前"仓促卖房**。线本来就保护你的过去；卖不卖是第20章的问题，用建模回答，不用肾上腺素。

第 4 章

负扣税，被隔离

本章回答的问题：现在还是以后？——因为隔离没有拿走你的亏损，它只是让亏损等着。

三个错误的词

预算之夜以来，有一句话在每一张饭桌、每一个微信群、每一条房产帖子底下被重复："负扣税被废除了。"

这句话里每一个承重的词都是错的，而每一个错词都对你值钱。

不是废除——是隔离。 你的租金亏损仍然存在、仍然减税；只是它要等待正确种类的收入，而不是每年7月抵着你的工资退税。

不是所有房产——是二手住宅。 新房对其首任投资买家豁免。商业地产毫发无损。股票也是。旧机器还在转——只是烧的油换了。

不是所有人——也不是你已经持有的东西。 如果你在2026年5月12日之前已持有或已签约，对你来说什么都没变。完全没变。在现行法律下，永远没变。

把这三处纠正装进脑子，你对这场改革的理解就已经超过大多数正在谈论它的人。这一章剩下的部分是细节——而细节，正是策略住的地方。

> **这条规则从哪来。** 第1章给了你大弧线；这里是操作层面的历史，因为这条规则一模一样地跑过一遍。1985年7月，霍克—基廷政府对新增借款的租赁利息亏损做了隔离——对存量投资者祖父保留，跟2026年分毫不差。随后悉尼和珀斯（恰恰是空置率本来就接近零的两个城市）租金飙升，行业运动把账算到隔离头上，1987年9月政府撤销。这个想法在2019年以工党竞选纲领的形式回归——负扣税只留给新建住宅——输掉了那场"稳赢却输掉的大选"，但设计图留了下来。2026年法案就是那份2019年蓝图的立法版：新房豁免的存在，就是专门为了拆掉1987式租金恐慌的引信——让杠杆资金仍然可以流动，但只流进增加供给的房子。政治底下坐着会计这行最古老的原则——**配比**：亏损应该配到它为之发生的那份收入头上。1987到2026年这段投资亏损随便抵工资的岁月，无论感觉上多么理所当然——才是历史上的例外。

规则到底怎么说

谁在网里。 个人、合伙、公司和大多数信托。对，公司——把公寓装进Pty Ltd躲不掉这条。排除在外的是养老金基金（包括你的SMSF）和管理投资信托这类广泛持有的载体。读这本书的你，除非资产在养老金里，否则默认自己在网内。

什么在网里。 二手住宅的净租金亏损。新房豁免——列入清单的政府住房优先类别（各种可负担住房类别，具体由立法文书列明）也豁免——但看清小字：豁免属于**首任投资买家**。2031年二手买入一套2028年建成的公寓，在你手里，它就是二手住宅。这个税务属性不随产权证走。

什么时候咬人——三个档位。 把合同翻出来，把你的每套房产归进这三档之一：

1. **2026年5月12日之前已持有或已签约——祖父保留档。** 照旧抵工资负扣税，无限期。Jason 和 Mia 三月份交换合同的第一套公寓住在这里。Kevin 的三套也全在。
2. **2026年5月12日（晚7:30 AEST——预算之夜，精确到分钟）当日或之后签约——过渡档。** 到2026-27财年为止（含），你仍可用租金亏损抵其他收入。2027年7月1日，门关上。
3. **2027年7月1日起——隔离档。** 每一笔5月12日后的二手住宅购入，亏损进入下面描述的池子。

> **坑：** 分界线看的是**合同日**，不是交割日。2026年5月10日交换、9月交割的，祖父保留；5月15日交换的，不保留。五天之差，永久地活在两个税务世界。查合同首页的日期，不是你拿钥匙的日期。

隔离怎么运作——池子。 被隔离的亏损不是一套一套单独关禁闭；它们在你的住宅组合内部协同工作，按严格顺序：

1. 先抵你今年的**其他住宅租金收入——**B 公寓的亏损吸掉 A 公寓的利润；
2. 再抵**住宅房产的资本利得**；
3. 剩下的**无限期逐年结转**，明年重复这套顺序。

注意清单上没有什么：你的工资、你的生意收入、你的股息。整场改革就这么多。亏损活着，只是出不了住宅这间屋子。

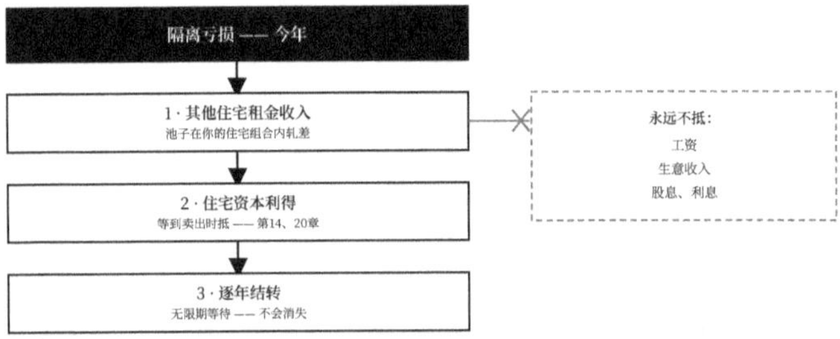

池子的运算顺序 —— 亏损等待住宅收入，永远出不了这间屋子。

亏损活着，只是出不了住宅这间屋子。

Roy 给你算笔账：同一套房，前后两个世界

Jason 和 Mia 2026年8月买入二手公寓2号——落在过渡档。年租金 $31,200；利息加开支 $43,200；净亏损 $12,000。Jason 税率47%，写他的名字（这是不是仍然正确，是第7章的问题）。

2026-27**财年——最后的狂欢**。$12,000 抵 Jason 的工资。退税：$5,640。真实持有成本：$6,360。这就是每个澳洲投资者从小看到大的负扣税——而对这套房，这是它的最后一年。

2027-28**起——隔离**。同样的亏损，没有退税。但此时他们祖父保留的1号公寓已经小幅转正——一年 $4,000——池子给他们轧差：$12,000 亏损减 $4,000 利润，剩 $8,000 **结转**。持有2号公寓的现金支出：整整 $12,000，从税后工资里掏。

2035**年——亏损回家**。假设他们卖出2号公寓，应税增值（经过第3章的分段和第2章的指数化后）$220,000，八年隔离攒下了 $64,000 结转亏损。增值缩到 $156,000。按 Jason 的税率，那些旧亏损刚刚拿回了 $30,080——每一块钱的亏损最终都算了数。

盯紧什么变了、什么没变。抵扣没有被没收；它被**改期**了。隔离真正的代价是时间：每年7月 $5,640 的退税，变成十年后一次性拿回的一整块，等待的这些年没有一分补偿。说白了：

负扣税从一项现金流补贴，被改造成了一面递延的 CGT 盾牌。 如果你需要每年的退税才养得起这套房，2026年5月之后的二手房负扣税对你已经是危险品。如果你能自掏腰包扛住缺口，税务价值只是被推迟，没有被消灭。

> **坑：** 过渡档会养出麻痹。2026年年中买房的投资者，报完2026–27的税，看到退税照常到账，会以为之前的大惊小怪言过其实。然后2027–28的申报表来了：同样的亏损，零退税。现在就为悬崖做预算：那套房的真实持有成本，即将以每年一个退税额的幅度上涨，年年如此。

聪明钱在换哪些打法

五个转变，全书后面逐一展开：

祖父保留的房产刚刚成了濒危物种。 卖掉一套5月12日前的二手房、再买一套二手房，你就把一件能抵工资的资产换成了一件被隔离的——一个永远买不回来的税务属性。卖出任何祖父保留持仓之前，先给随交割一起死掉的东西定个价。（并且记住第1章：祖父保留是租约，不是永久产权——今天的保护是真的，永远的保护没人承诺过。）

祖父身份跟着你的取得走，不跟着房子走。 2026年5月12日之后把一套祖父保留的公寓转给配偶、信托或公司，接收方就是在分界线后取得了二手住宅——隔离。2025年还属于常规操作的重组，现在带着一笔隐藏成本；动任何东西之前先建模（第7、23章）。

"写高收入方名字"的条件反射需要重想。 四十年来，负扣税的房都写在税率最高的那位配偶名下，为了退税最大化。对被隔离的房产，没有退税可以最大化——天平转向了谁将来为增值交税，以及你手上已有的祖父保留存量。第7章重建这个决策。

新房带着豁免——也带着一个转售星号。 对你这位首任买家，新房的负扣税活着。但你未来的买家继承的是一套他没法负扣税的二手房，这会削薄你有朝一日要卖进去的那批投资客需求。豁免是真价值，但出场时自带折价；第8章给这笔交易定价。

亏损本身成了设计变量。 亏损秒退的年代，越大越好。亏损要排队好几年的年代，你要把它设计得更小：offset 账户的摆位、开支的时点、往正现金流方向推。第12、14章做这套工程。补充一句求完整：商业地产和股票仍按老办法负扣税——这就是为什么一部分投资者的借款能力会悄悄迁移过去。

钟摆会摆回来吗？

你从第1章知道，这条规则1987年死过一次，死于一场租金恐慌。会重演吗？如果租金在2028–29年飙升，那场运动的剧本会自己写好——而这次政府提前造好了防线：投资者仍然可以上杠杆，投进国家恰恰想要建起来的那种房子。 防线守不守得住是政治，而我不在任何方向上拿客户的策略赌政治。第6章的分诊偏爱那些无论隔离活二十年还是两年都成立的动作——这不是骑墙，这是1987测试。

Roy 给你算笔账（二）：换仓的价格

Kevin 一度考虑给组合"换换血"——卖掉最弱的一套祖父保留公寓，换一套地段更好的二手房。这笔交换看着是平移；税务台账说不是。

他要卖的那套一年亏 $9,000，每年抵工资退回 $4,230——一个交割日即死的祖父属性。2027年买入的二手替代品，落地就被隔离：同样 $9,000 的亏损，现在去池子里排队。在他打算持有替代品的十二年里，被掐灭

的退税流大约值 $50,800——这还没算他作为"池子溶剂"的损失（旧那套正在转正，而祖父保留的利润恰恰能排掉隔离亏损灌满的池子）。再加上一来一回本身——卖出费用、印花税、再进场的律师费——算它 $70,000——这笔"平移"的标价是 $120,000 **起**。

这不是说每套祖父保留的房都碰不得；一件真正糟糕的资产，可以值回 $120,000 的逃离费。它的意思是：门槛刚刚抬高了恰好这么多。2026年之前，升级组合的成本是交易费。2026年之后，是交易费加一个永远买不回来的税务属性——这就是为什么第6章的反面清单给"换仓"单独留了一行。

一句话版本

负扣税没有被废除——2026年5月12日当日或之后购入的二手住宅，亏损改为在一个住宅池里排队（先抵其他租金、再抵住宅增值、然后结转），不再抵工资退税，这把负扣税从现金流补贴变成了递延的 CGT 盾牌，只适合等得起的投资者。

现在就做

1. **今晚就给每套房归档。** 合同日在2026年5月12日前、过渡档、还是隔离档——把三张清单写下来；它们驱动这本书里一半的决策。
2. **如果你在2026年5月12日之后买了房：** 享受2026-27这一年的抵扣，然后从2027年7月1日起去掉退税重建持有预算。如果这套房只有靠退税才转得动，你有一个要趁早做的第6章决定。
3. **卖出或转让任何祖父保留房产之前，先给你正在掐灭的属性定价**——包括转给配偶、信托或公司，那些都算新取得。
4. **从第一天起开一本结转亏损登记册**——一张按年记录隔离亏损与池内抵扣的简单表格。2035年的你，和你会计师的账单，都会感谢它。
5. **下一套要买？** 用第8章的算术跑一遍新房 vs 二手——豁免改变答案的频率，比老直觉预期的高。

第 5 章

2026方案的其余部分

本章回答的问题：谁的手里？——因为改革的其余部分，多半关于你房产四周的架构，以及分清法律与传言。

饭桌上没人吵的那些部分

两项头条措施——CGT 重建和隔离——吸走了全部注意力，这公平：钱在那里。但2026年第一号税改法案没有到此为止，其余部分对你要紧，理由有三。有一些在悄悄往你口袋里放钱。有一些在重塑你可能用来持有房产的架构。还有一项被广泛恐惧的"措施"根本不在法案里——知道这一点，能让你躲开眼下市面上营销得最起劲的那个最贵的错误。

这一章刻意写短。把它当作状态板：什么是法律、什么已生效、什么只是提案——以及每一项各配得上你多少注意力。

甜头（法律）

同一部法案里带来两项小而真、人人有份的措施，面向工薪族：

$1,000 **标准抵扣**。从2026-27财年起，有劳动收入的税务居民个人可以一笔申报 $1,000 的工作相关开支，无需凭证——实际开支更高的照旧凭单据据实申报。对大多数上班的读者，这按常见边际税率一年值大约 $300–$470，零纸面工作。

> **坑：** 标准抵扣只覆盖工作相关开支。你的租赁抵扣——利息、市政费、维修、折旧——是申报表上另一个部分的另一个标签，照旧全额、凭记录申报。"那我是不是直接拿 $1,000 就行了？"这句话这个月我已经听了三次。不行。第11章把租赁申报表做规矩。

Working Australians Tax Offset（WATO，**在职人士税收抵免**）。2027–28起面向有劳动收入的税务居民个人的 $250 不可退还抵免。拿着；别围着它做规划。

这是包在结构性苦药外面的政治糖衣。值得要，不值得当策略。

生意人的角落（法律）

给既有生意又有房产的读者一行字：小企业 CGT 50%活跃资产减免的营业额门槛，从2027年7月1日起升至 $1,000**万**——当你出售生意或其经营场所时适用的这套减免，覆盖面被实质性拓宽了。如果说的是你，整套机器在我的第一本书《四个杠杆》里；在本书里，它会在商业物业与你的房产决策交叉时再次浮出水面。

Division 296：报信的金丝雀（已生效）

自2026年7月1日起——就在房产措施分阶段落地的同时——另一项税已经通电。Division 296 对个人养老金总余额中超过 $300万 的部分所对应的已实现收益加征一道税，$1,000万 以上还有更高一档。

> **这条规则从哪来。** 2023年宣布的 Division 296，做了三年全国吵得最凶的税——它最初的设计、以及"到底能不能碰养老金"的政治，一路缠斗到最终版本落地。一项养老金措施为什么在一本房产书里占地方？两个原因。它是那只金丝雀：几十年来第一次，一届政府碰了一项人人称之为不可碰的优惠，活了下来，还赢下了下一场争论——这是2026年房产改革将至的最清晰的早期信号。其次，它是本书最大结构性事实的那行小字：养老金毫发无损地穿过了2026年改革——没换指数化、没有隔离——成了留给房产投资者的最后一项优惠。Division 296就是那个星号：还站着，但不再无边。$300万 以上，优势开始磨损。

眼下先记两件事：如果你们夫妻的养老金轨迹可能在基金持有的房产卖出之前越过 $300万，Division 296 就该进你的模型；完整处理——包括2026年之后房产到底还该不该放进你的基金——在第24章。

2028信托提案（不是法律——这一点很要紧）

这是"每一个已立法的字产生的恐惧量"最高的一项措施：一项拟议中的**全权信托应税收入30%最低税**，宣布拟于2028年7月1日起步，带着若干已预告的豁免——按政府的公告，testamentary trusts（遗嘱信托）整体在它之外——旁边还配了一个三年重组过渡期。

把那句话再读一遍，注意里面的动词。拟议。宣布。预告。截至本书写作，这项措施什么都没通过。它是一项还在咨询中的政策，而第1章已经教过你，房产税提案在"宣布"与"御准"之间会发生什么：被削、被软化、被推迟——有时，就像2019年那样，整个死掉。

林家——他们的双拼住宅装在家族全权信托里——问了我一个你可能也在问的问题：要不要趁它开始之前，现在就把房产拿出来？我的回答，就是我要给你的、对未来每一条新闻标题都适用的那条规则：

依法律行动。为提案做准备。永远不要因为一篇新闻稿去重组。

现在就动，意味着今天支付真实、确定的成本——把资产搬出信托的资本利得税加印花税可以跑到六位数——去逃一项还不存在的税：它的最终形状未知、它预告的豁免也许正好罩住你、而且它真成为法律时还捆绑着一个三年重组窗口。提案本身就在承诺给你反应时间。花六位数去抢跑，不是审慎，是给一条可能永远不会修的路交过路费。林家今年应该做的——盘点信托、给退出定价、盯住咨询进程——在第23章。

> **坑：** 从现在到2028年，你会遇到营销——研讨会、邮件、也许还有顾问——把"已宣布"糊成"已立法"，向你推销一场紧急重组。一个问题每次都能切穿："它拿到御准了吗？" 答案是否，你就有时间；而任何逼你别等的人，都有利益冲突。

维护你自己的状态板

这一章真正在教的习惯：**守住法律与提案之间的那条线**，并给你以为自己知道的每件事打上日期戳。附录 A 是本书的版本——每项措施、它的状态、起始日期、在哪几章讲——内容截至版权页上的日期，剩余细则落地时在 companion 页面持续更新。跟那张表待三十秒，胜过在微信群里恐慌一小时。

依法律行动。为提案做准备。永远不因为一篇新闻稿去重组。

Roy 给你算笔账：林家的敞口，真正摊开算

"为提案做准备"从一个数字开始，所以这里是林家的——每个信托家庭都该在任何研讨会替你算之前自己先算的那笔账。信托净收入：$54,000

（双拼租金 $38,000，利息 $16,000）。去年的分配，对照每位受益人的边际税率：

受益人	分配	边际税率	低于30%?
林太太	$24,000	30%	否——已在地板上
林先生	$20,000	37%	否
儿子（在读大学）	$10,000	16%	**是——差14个点**

（法定边际税率——*Medicare levy* 在新旧两套制度上都要另加，在比较中相互抵消。）

如果提案原样通过——信托收入下面垫一块30%地板——林家的敞口就是儿子那一份：$10,000 × 14个点 ≈ **一年** $1,400。这是或有的威胁，对面是现在就拆架构的 $220,000 确定成本（第23章把退出完整定价）。一千四百块或有的钱，对二十二万确定的钱：写在纸上，研讨会式的紧迫感就蒸发了。你家的数字会不一样——大量流向低税率受益人的分配确实会产生值得建模的真实敞口——但纪律一模一样：先乘一遍，再挪一步。 跟去年的分配决议待十分钟，胜过在酒店宴会厅坐一晚上。

一句话版本

两项头条之外，2026方案给工薪族发了一笔 $1,000 免凭证抵扣和一个小抵免、拓宽了小企业 CGT 的大门，并通过已生效的 Division 296 在养老金的优势上敲开第一道裂缝；而声量最大的那项——信托30%最低税——仍然只是提案，而你永远不因为一篇新闻稿去重组。

现在就做

1. **从2026-27起正确申报 $1,000 标准抵扣**——同时继续单独、全额、凭记录申报租赁抵扣。
2. **对照 $300万 检查你的养老金轨迹**（夫妻双方、所有基金）。如果基金持有的房产可能把你带过线，把 Division 296 标记给第24章的建模。
3. **信托持有人：把今天的事实写下来**——信托持有什么、内含增值多少、每件资产挪出去的印花税成本——并把咨询进程记进日历。现在做准备，御准之后才行动。
4. **对任何税务新闻先问状态问题**——"它是法律了吗？"——今年问，年年问。附录 A 存着答案。

第 6 章

你的十二个月分诊

本章回答的问题：现在还是以后？——这次套在你自己身上。五章规则，变成一张日历。

规则你懂了。现在挑你的动作。

读到这里，你对2026年改革的了解，已经超过大多数正在自信地讨论它的人——包括卖建议的人里面令人担忧的那一部分。你知道钟摆的历史、两个旋钮、估值线、隔离的三个档位，以及法律与提案的区别。

你还没有的，是你自己的清单。从现在到2027年7月1日之间存在十五种可能的动作；属于你的也许只有四种，而最流行的那几种里大概率有一种是错的。这一章就是分拣机：一个每个动作都要过的测试、五件人人适用的事、六种各有决策路径的业主类型，和一张把这一切排好顺序的日历。

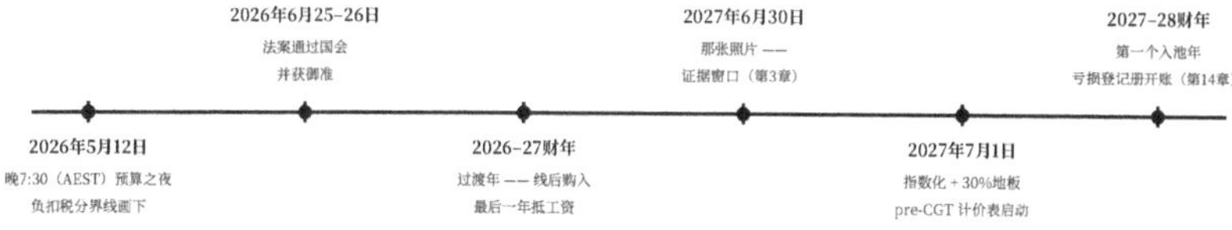

全书反复引用的两条线与四个窗口。

1987 测试

任何动作之前，先过第1章替你挣来的这两个问题：

如果2026年的设置持续二十年，这个动作成立吗？如果钟摆三年内再摆一次，它还成立吗？

历史说两种未来都活着：隔离曾经死于一场租金恐慌，而折扣时代活了二十七年。没人要求你预测——要求你的是，优先选那些不需要预测的动作。这把一切分进三堆：

无悔动作——在每一种未来里都对。证据档案、记录习惯、现金流重算、约对时间的谈话。这些全做。

保留选项的动作——花钱不多，把门开着。估值、拿住祖父保留的存量、把方法选择推迟到卖出时。这些多数做。

赌注——只有你猜中了未来才有回报。恐慌卖出、抢跑重组、纯为一个税务属性买房。这些几乎都别做。

你会发现，市场卖的大多是赌注。因为赌注产生佣金，而无悔动作产生牛皮纸文件夹。选文件夹。

（下面每一类分诊背后的原始数字——增长率对边际税率、旧规则对新规则、跑在同一件标准化资产上——附录 *E* 就是那张矩阵。先找到你的格子，再找你的类型。）

人人适用的五件事

不管你是哪一类，这五件都是你的。全部无悔：

1. **给每套房归档。** 合同日在2026年5月12日之前（祖父保留）、当日或之后（过渡，2027年7月1日起隔离）、还是尚未购入。把确切日期写下来——第4章的三张清单驱动下面一半的决策。

2. **建好2027年冬天的证据档案**——每套房两到三份书面中介评估、照片、存档的可比成交，日期落在2027年6月30日前后几周内（第3章）。每套一个下午；这十年最便宜的税务筹划。

3. **从2027年7月1日起重建你的持有预算。** 对每一套过渡档房产，删掉退税，看真实的年成本变成多少。一套只有靠退税才养得起的房，是一个你想在2026年做的决定，不是2028年才发现的事故。

4. **启动成本基数考古。** 购房合同、印花税、律师费、改良发票——每套房都要，不管多老（第18章列出哪些算数）。几十年前的记录重建起来要好几个月，而它们在新旧两套规则下都值真金白银。

5. **把规划谈话约在2027年秋天，不是6月。** 估值窗口、任何真正的卖出决定、第一个隔离年份，全部汇聚在2027年年中；三月去见会计师的业主拿到的是策略，6月25日才打电话的拿到的是急诊。

六种业主类型

在下面找到你自己。大多数读者同时是其中两种——两段都读。

类型一 —— 祖父保留持有人（*Kevin*）

一切都在2026年5月12日前签约。你的位置是全书最强的，你的主要风险是对它动手。

你的负扣税照旧抵工资，未被触动。你已累积的增值在2027年7月1日线后受保护，无论何时卖出。所以这场改革本身几乎没给你行动的理由——倒给了你一个不动的强理由：**卖掉一套祖父保留的二手房、再换一套二手房，等于把一件能抵工资的资产永久换成一件被隔离的。** 换仓从此贵得前所未有。

要不要赶在线前卖？为了税，几乎永远不要。分段已经把你累积的一切锁在折扣里；线前卖出改变的只是未来增长怎么征税——而未来增长恰恰是你继续持有的理由。诚实的例外很窄：一件你本来几个月内就要退出的资产（无所谓——拿确定性），或一件增长前置、你不信任兜底公式的真正难估值的资产（第3章的方法风险）。Kevin 的三套公寓，可比市场深得很，两条都不占。他的卖出问题——某一套是不是单纯的弱资产——是第20章的组合问题，用建模回答，不用截止日。

你的日历：把人人适用的五件事做透——尤其是证据档案，它是让分段逐套资产站到你这边的东西。

类型二 —— 过渡档买家（*2026*年*5*月*12*日当日或之后买入）

你拿到2026-27这最后一年的旧式抵扣。收好——然后拿"第3件事"里重建的那份预算给这套房做压力测试。

去掉退税还站得住：留着它，2027年7月1日当天开一本结转亏损登记册（第4章），并启动把亏损做小的工程（第12、14章）。站不住，就趁早决定——并且当心一个恐慌者总是踩中的坑：

> **坑：** 合同日起十二个月内从2026年的购入里跳船，持有就不满一年——增值没有折扣、全额边际税率，外加一来一回的交易成本。过渡档的退出需要跟任何卖出一样的谨慎：先建模、迈过十二个月线、并先读第20章。

类型三 —— 准备买入的人（*Jason* 和 *Mia*，*2*号房）

你的三个默认设置刚刚全变了。**载体：** 老反射——写最高收入方的名字、退税最大化——对被隔离的房产已经没了发动机；资产该归谁，现在由最终的增值、池子和架构驱动，签任何字之前先读第7章。**标的：** 新房对二手房，现在带着一个真实的税务倾斜——新房的负扣税活着，但属性只属于首任买家、还带一个转售星号；第8章给它定价。**外壳：** 养老金毫发无损地穿了过来，这让它处在几十年来相对最强的位置——否掉它之前先读第24章。

一条时点说明：2027年6月30日前买二手房，能给你买到单独一个过渡年的抵扣。舒服，但它值几千块，不值一次仓促买错资产。买对的房子；过渡年赶上了就顺手拿。

类型四 —— 准备卖出的人

这是本章最逆耳、也最省钱的一句话：**对几乎所有人，都不存在赶在2027年6月30日前卖出的真正税务理由。** 分段在任何卖出日期都保护你已累积的增值；"赶截止日"对标准住宅而言就是营销。线前卖出只在边缘情形挣得回票钱——你本来几个月内就要退出，或你的资产特殊到线值会变成一场官司（第3章）。除此之外，资产和你的生活说卖再卖，让第20章挑年份。顺带一提：资本亏损的用法与从前完全一样。

类型五 —— 信托持有人（林家）

你声量最大的威胁——2028最低税——是提案，第5章已给你规则：做准备，不抢跑。你更安静的、真实的变化是：信托在隔离网内，所以信托从2026年5月12日起签约的任何二手住宅，亏损困在信托层面。今年的工作是盘点，不是手术——信托持有什么、每件资产的内含增值和档位、每件资产真要挪出去的 CGT 加印花税成本。这个文件夹让你在提案成为法律时跑得快（真到那天有预告的三年窗口），在提案死掉时替你省下六位数。第23章是你的主场。

类型六 —— Pre-CGT 业主（*Helen*）

你是唯一有真实、硬性日历截止日的类型。2027年7月1日的估值永远定下你的免税地板，而你这个类别我说过：正式估值、注册估值师、2027年当年做——不用公式、不在2033年凭记忆重建。现在就把估值师约进冬季窗口。同时：把陈年记录归拢，并在今年把你的遗产规划摆到顾问面前，因为四十年来的遗嘱都是在"pre-CGT 等于永远"的假设下起草的，第25章解释脚下刚刚变了什么。还有一个话题属于同一场会：既然 pre-CGT 身份无论如何都在线上终结，顾问们正在建模——一次真实的处置、换进一个更好的长期架构，是否胜过法律强加的那次名义处置——专业领域，在这里提出来是让你记得问（第24、26章装着那些架构）。

（第七条路径，给 *David* 这样的跨境业主——上面的一切，加上预扣税、附加税和居民身份的坑——在第26章。如果你正要离开或来到澳洲，动这页上任何东西之前先读它。）

日历

窗口	所有人	分类型
现在 — 2026年12月	房产归档；重建去退税预算；启动成本基数考古；约好2027年秋的规划会	类型二：压力测试，要退趁早决定 · 类型三：签字前跑完第7–8章 · 类型五：信托盘点 · 类型六：约估值师
2027年1 — 4月	规划会开掉；任何真正的卖出留足余量建模	类型四：极少数线前卖出，签约留足交割余量 · 类型六：陈年记录归拢完毕
2027年5 — 6月（拍照窗口）	每套房的证据档案：2–3份书面评估、照片、可比成交存档	类型六：pre-CGT 正式估值完成 · 类型一：同窗口的评估锁住前置增长
2027年7月起	新 CGT 时代开始；方法选择（估值 vs 公式）到每次卖出前都保持敞开	类型二/三/五：结转亏损登记册从第一天开账

反面清单

为了对称，这些是过不了1987测试的动作——每一条眼下都有人在卖：

[A]**赶在线前恐慌卖出**——为躲一项分段早已处理好的税，交出增长。

- ^A**把祖父保留的存量换成二手替代品**——掐灭一个永远买不回来的属性。
- ^A**因为一篇新闻稿重组出信托**——花六位数的确定成本，去逃一项自带反应窗口的不确定提案。
- ^A**纯为豁免买新房**——税务属性是卖点，不是投资理由；资产本身仍然得值得拥有（第8章）。
- ^A**"趁还来得及"在配偶或实体之间转移房产**——5月12日之后的转移制造被隔离的持仓；这一条亲手生产它所恐惧的问题。

那张清单上的每一项，都是打扮成紧迫感的赌注。现在你分得清了。

赌注产生佣金，无悔动作产生牛皮纸文件夹。选文件夹。

Roy 给你算笔账：类型二的压力测试，算给你看

"去掉退税重建预算"在纸上长什么样。一位读者2026年8月以 $780,000 买入二手公寓：租金 $29,600，支出加利息 $40,600，亏损 $11,000。

2026–27，**过渡年：** 亏损按她39%的税率抵扣——退税 $4,290，真实持有成本 $6,710。2027–28**起：** 同样的亏损，零退税——真实成本 $11,000，一道**每年 $4,290 的悬崖**，在一个固定的日期准时到达。

然后是压力测试本体。缓冲：六个月支出是 $20,300——她 offset 里放着 $24,000。过。轨迹：租金按约3.5%增长、贷款持平，这套房大约第七年转正；熬到那天的累计无退税缺口 ≈ $46,000 的税后工资——全部存进池子，等最终卖出时兑现（第14章）。判决：持有——这套房靠毛

现金流活得下去，缓冲吃得住一个糟糕的季度，池子保住了等待的价值。

改一个输入，判决就翻面：缓冲只有 $8,000，或一次加息把亏损推到 $15,000，这就变成一个要趁早做的类型二决定——在2026年冷静地做、尊重十二个月规则地做，而不是在2028年的现金危机里被迫发现。压力测试花一个晚上。在2027年7月1日替你跑它之前，自己先跑一遍。

一句话版本

每个动作先过1987测试——设置持续也好、反转也好，它都成立吗?——然后做完五件无悔的事、走你业主类型的路径，并把到2027年6月30日的这一年当作建档窗口而不是卖房窗口，因为唯一有硬截止日的读者，是要预约估值师的 pre-CGT 业主。

现在就做

1. **今晚：** 给房产归档，把合同日期写下来。
2. **这个月：** 每一套过渡档房产都去掉退税重建预算；有房过不了关，就启动类型二的早期决定。
3. **这个季度：** 成本基数考古开工；信托盘点（类型五）和估值师预约（类型六）办掉；2027年秋的规划会约好。
4. **2027年冬：** 那张照片——每套房的评估、照片、可比成交；pre-CGT 资产的正式估值。
5. **把反面清单打印出来**，贴在文件夹内侧。今年最赚钱的动作，是你拒绝掉的那几个。

第 二 部 分

买入

第7章 —— 合同上写谁的名字?

第8章 —— 新房还是二手房：税务的答案

第9章 —— 签字之前，先把贷款搭好

第10章 —— 进场的成本

第 7 章

合同上写谁的名字？

本章回答的问题：谁的手里？——那个三十秒的决定，会给你持有这套房的每一年定价。

房产界最贵的三十秒

在拍卖和交换合同之间的某个时刻，过户师会问你一个听起来像行政手续的问题："合同写谁的名字？" 大多数买家三十秒内就答了，凭习惯，脑子里想着别的事。

这个习惯的代价是这样的。合同上的名字决定：未来几十年每一块租金利润谁交税、最终增值的税落在谁头上、被隔离的亏损坐在谁的池子里、每年累积多少土地税、以及离婚或身故时会发生什么。而且它几乎不可逆：日后把房产在配偶间转移、或挪进信托或公司，是一次 CGT 事件外加印花税——并且自2026年5月12日起，接收方等于在分界线之后取得了一套二手住宅，直接隔离，哪怕它在你手里是祖父保留的（第4章）。这本书里几乎所有其他决定都能撤销。唯独这个不能，至少不便宜。

所以，花的时间超过三十秒。这一章，就是那个"超过"。

> **这条规则从哪来。** 在1985年的原始系统下，资产在谁名下对资本利得几乎不重要——指数化给所有人同样的减免。造出阶梯的是1999年：个人和信托拿50%折扣、养老金基金拿三分之一、公司什么也没有——突然之间，资产归谁所有，对税的影响跟资产本身一样大。2026年改革没有挪动那架阶梯的任何一级。它拉宽了梯级之间的缝：养老金毫发无损地穿了过去（阶梯史上最宽的一道缝）、信托头顶多了一朵提案形状的云、还有——本章的转轴——隔离把驱动了四十年"名字写谁"习惯的那台发动机整个拆了下来。

旧逻辑，以及它为什么死了一半

每个投资者学过的条件反射：负扣税的房，写高收入方的名字。 这套逻辑在它活着的时候无懈可击——租金亏损抵最大的那份工资、按最高的税率抵，每年7月退税最大化。

现在把这套逻辑放到今天买的一套房上，看看还剩什么。亏损**不管在谁名下**都被隔离——Jason 的池子还是 Mia 的池子，谁的都不退工资。曾经决定一切的亏损端，现在在配偶之间什么也决定不了。剩下的是所有人过去懒得看的那两端：**盈利年份**（租金上涨、贷款缩水；大多数房产终会转正，之后年年按持有人的边际税率交税）和**最终增值**（按持有人的边际税率征、下面垫着30%地板）。

这两端都偏向**低收入**的一方。也就是说：

对2026年5月之后购入的二手房，四十年的直觉翻面了。 默认答案从高税率配偶挪到了低税率配偶——不是因为什么高招，而是因为隔离删掉了唯一指向另一边的那个因素。

在你重写全家计划之前，两条诚实的脚注。第一，地板压缩了奖金：旧世界里，低收入配偶名下变现的增值可以按十几个点交税——对顶格税率是25个点以上的节省。新的下限是30%，卖出时的税率差最多只剩约17个点。仍是真金白银；但比从前小——地板又一个安静的后果。第二，配偶之间有一处亏损端的差别活了下来：每个持有人有自己的住宅池。被隔离的亏损只能遇到**那位持有人自己**的其他住宅租金和增值。如果家里未来的住宅组合都会在 Mia 这边，她的池子就有进有出、转得起来；一笔搁浅在 Jason 名下、身边没有其他住宅资产的亏损，只会等得更久。

改革之后的六种载体

单独名下，低收入方——二手房的新默认。 利润和增值按更低的税率；亏损反正都隔离。当收入差距会持续、且组合会长在这位配偶的账本上时，选它。

单独名下，高收入方——幸存者的情形。 在祖父保留逻辑仍然适用的地方依旧正确——注意第9章的一个微妙点：2026年5月12日之前已持有的自住房日后转出租，旧式负扣税对这类资产仍可能带一个"归谁"的选择维度。资产保护反着切的时候也对（把投资放到远离生意风险那位配偶的一侧）。

联名对半——对冲。 当你没法预测二十年里谁的收入怎么走——职业、育儿假、一门生意——对半分摊掉猜测、把两个池子各分一半、卖出时让增值摊上两套税阶。不浪漫、很结实，而且在未来真正雾蒙蒙的时候，比两种单独名下都更常是对的。（无论账单谁付，租金和开支都跟着法律产权走——第11章。）

按份共有、不等份额——旋钮。 90/10 或 80/20 的份额，让你在把两个名字都留给银行的同时，加权向低收入一方。曾经用来把亏损拨向高税率的那个工具，现在用来把利润和增值拨向低税率。

公司——窄门。 公司在隔离网内（第4章）、从来没有过折扣、租金利润按统一税率交税、利润以股息拿出来时还有第二层。这历来让公司成为增值型住宅的糟糕住所。改革让公司留在原地——当年没折扣、现在没指数化、名义增值按统一税率——但它的相对位置反而改善了，因为个人的优惠从"一切的一半"缩水成了"只遮通胀"。一条公司规则没变，差距自己变窄了。对大多数家庭判决不变：它是收租生意和集团架构的载体，很少是你在 Chatswood 那套公寓的。

全权信托——就此用途而言，几十年来最弱的时刻。 让信托成名的灵活性——把租金利润流向家里税率最低的那位——仍然管用。但对新买的住宅，它四周的一切都变难了：信托亏损从来就困在信托里，隔离现在把它困了两层（限住宅、限信托内）；好几个州不给全权信托土地税免税额、契约不修还要加外国受益人附加税（第17章）；头顶还悬着2028提案（第5、23章）。信托依然在**资产保护或多代规划真正主导决策**的地方站得住——但作为下一套负扣税公寓的默认税务外壳，那个时代关门了。

养老金——这场改革的相对赢家。 CGT 重建没碰它、隔离之外、一路优惠税率（第5章 Division 296 的星号：$300万以上）。约束是结构性的——供款上限、住宅借款禁令、流动性、以及你不能住进去——所以这是一个深思熟虑、有顾问参与的决定，不是默认选项。但如果你离卖出还有十年以上，第24章在你书单上的位置，从来没有这么靠前过。

四十年的直觉翻面了：默认答案从高税率配偶挪到了低税率配偶。

Roy 给你算笔账：同一套房，两个名字

Jason（$185,000，顶格税率）和 Mia（$92,000）以 $900,000 买入二手公寓2号。持有十五年：头五年亏损被隔离，之后年均 $6,000 的温和利润，最后卖出——经第3章分段和指数化后应税增值 $300,000。

亏损年份： 写谁都一样——谁的名字都不退税。（旧世界：Jason 的名字每年能退约 $5,600。那台发动机，没了。）

盈利年份： 十年、每年 $6,000，按 Jason 的47%要交 $28,200；按 Mia 的税率，大约 $19,200。Mia **省约** $9,000。

增值： 在 Jason 手里，$300,000 按47%是 $141,000。在 Mia 手里，增值叠上她的工资往上爬税阶——算个混合税率约39%，稳稳高于地板：**约** $117,000。Mia **省约** $24,000。

同一套房、同样的增长：那个三十秒的决定值大约 $33,000——而按旧规则，习惯会把它指向相反的方向。

> **坑：** 税务是一票，不是一票否决。银行有时要求两个名字都上；有些州的土地税免税额奖励把持有摊开在配偶之间、一人一套（第17章）——一个货真价实的非 CGT 理由，可以压过所得税逻辑；资产保护则哪边都可能指。过户师问话之前，把三本账都跑一遍——所得税、土地税、资产保护。一次三十分钟，对一辈子三十秒。
>
> **坑：** 别条件反射地去"修正"旧选择。为追新逻辑给存量房产改名，触发 CGT、印花税，而且——二手住宅——把一件被隔离的资产递到接收方手里。新默认是给新购入用的；旧组合基本原地不动（第6章反面清单第五条）。

Roy 给你算笔账（二）：第三本账投票

细节归第17章，但土地税这本账值得在这里给出它的美元数，因为它在购买那一刻就投票——而且有时投给所得税逻辑的反方。

Jason 和 Mia 的新州仓位：自住房（豁免）、1号公寓（土地价值 $460,000）、计划中的2号（$430,000）。全部联名对半，每位配偶各自合计 $445,000——离一般免税额还很远。**土地税：零。** 就算全写一个名字——$890,000——也还没过线。到此为止，这本账弃权。

现在加上他们十年计划隐含的那套房：3号公寓，土地价值 $520,000。集中在一个名字下，那位持有人合计 **$141万——**超线约 $330,000，算它**一年** $5,400，**年年如此，还随指数上行**。有意识地摊开——一人名下两套——两位配偶都留在线内。同样的组合、同样的城区：一年 $5,400 的差距，完全由几年前哪个名字签在哪份合同上创造，那时离过线还远着呢。

教训不是土地税压过所得税逻辑——在这组数字里，偏 Mia 的持有恰好两头都占。教训是第三本账投票投得早：你在第三套房时要面对的合并计税，是你在第一、二套时选的名字定下的。在过户师开口之前把土地税地图画好（第17章），别等评税单来了才画。

一句话版本

隔离删掉了让"写高收入方"成为条件反射的那笔退税，所以新买的二手房默认翻向低收入方（未来雾蒙蒙就联名对半对冲）——同时信托变弱、养老金变强，而且无论你选什么都近乎永久，所以用三十分钟选，别用三十秒。

现在就做

1. **任何购买之前，给每个候选名字跑三本账**——所得税（盈利年份+增值）、土地税（州免税额与合并计税）、资产保护。
2. **如果收入不均且大概率持续**，拿你们自己的数字给"低收入方默认"定价，记住地板给卖出时的奖金封了顶。
3. **如果未来雾蒙蒙——职业、孩子、生意风险——拿联名对半的对冲**，别再优化一个猜测。
4. **在否掉养老金之前把第24章排进书单**，尤其是长持的购入；这场改革悄悄把它变成了最结实的一级。
5. **存量组合原地别动**，除非完整模型（CGT+印花税+隔离身份）说该动——第6章，反面清单。

第 8 章

新房还是二手房：税务的答案

本章回答的问题：现在还是以后？——因为"新房还是二手房"，如今真正问的是"现在退税，还是押基本面"。

秤上的那根手指

在澳洲投资史的大部分时间里，税务系统对你买哪套房大致中立。买一套1960年代的红砖公寓，还是一套楼花联排——抵扣在边角上有差别，但没有人按立法选城区。

那份中立没了。从2026年改革起，两套租金一模一样的房产可以活在不同的税务宇宙里：新房的亏损抵你的工资；二手房的亏损进池子排队。政府把手指压上了秤——刻意的，为了那段历史解释过的供给原因——而且这根手指很重。

但秤上的手指不是判决书。大把新房是税务待遇优秀的糟糕投资，也有大把二手房是没有任何税务优待的优秀投资。这一章把这根手指精确称重，让你能把它放到秤上、和其他一切放在一起——而不是让它变成秤本身。

> **这条规则从哪来。** 豁免的设计是纯粹的政治工程，知道这一点反而让你敢信它的形状。1987年的回摆（第1章）教会改革者：隔离只要被扣上"租金紧张"的锅，立刻会死。2019年的竞选纲领找到了答案：别关掉负扣税——改道，让投资客的钱继续流，但只流进增加供给的房子。那份经过大选检验又打磨过的蓝图，就是2026年通过的东西。它还叠在一次更早、更安静的倾斜上：2017年起，二手房买家不能再折旧前任业主的家电设施，而新房买家全额可提。今天对新房的倾斜，其实是相隔九年、指向同一边的两次倾斜。

台账

新房给你什么。 四项优势——三项前置在杠杆购房最疼的那几年，第四项等在出口：

1. **负扣税活着**——作为新房的首任投资买家，你的亏损照旧抵工资，无限期。
2. **设备折旧全额可提**（Division 40）——烤箱、地毯、窗帘、空调：全新，全可提，早期通常一年几千块。二手房买家2017年之后，二手的这些一分提不了。
3. **建筑折旧按今天的全额造价**（Division 43）——今天造价的每年2.5%，碾压1974年造价的2.5%。
4. **出口处的选择权——最终法案已确认。** 2027年7月1日当日或之后卖出新建住宅（或符合条件的可负担住房，其最高60%的折扣保留），你可以**在旧的50%折扣和新的"指数化+地板"之间任选其一**——而一旦选折扣，视同出售规则和30%地板通通不适用。二手房卖家没有菜单；新房卖家跑一遍第2章的双旋钮，然后挑赢的那个。

二手房给你什么。 从税务系统那里，几乎什么也拿不到了——2017和2026两刀剥光了它的税务理由。它留住的，是税务系统给不了的一切：价格里更多的土地（土地升值，建筑折旧）、稀缺的内城地段、没有开发商利润、没有签约到交房之间的交割风险缺口、以及一栋毛病看得见而不是藏着的楼。二手房的理由如今是一个**纯投资基本面的理由**——而历史上，这往往是更强的那一个。

先买那套“待遇相同你也会选”的房——让税务倾斜破平局，别让它做选择。

Roy 给你算笔账：两扇门，一份预算

Jason 和 Mia，$900,000 待投放，一套新联排对一套二手公寓。Jason 47% 税率；第一年的数字。

	新联排	二手公寓
租金	$33,800	$31,200
现金支出（利息、市政费、中介……）	$39,800	$43,200
现金缺口	$6,000	$12,000
折旧（Div 40 + Div 43，非现金）	$13,000	约为零
税务亏损	$19,000	$12,000
按47%的退税	$8,930	$0（隔离）
第一年税后现金流	+$2,930	&$12,000

把最后一行读两遍。新房从第一年起税后现金流为正——折旧是纸面亏损，退回来的是真钱——而二手公寓一年从口袋里掏 $12,000，亏损存进

池子，等一个遥远的卖出日。第一年的差距接近 $15,000；跨越五个负扣税年份，这根手指重 $60,000-$70,000。

现在看秤的另一端，因为这根手指带着三行小字：

回吐（clawback）。 折旧有一部分是向你未来的增值借的——提掉的建筑折旧会调低你的成本基数，卖出时增值恰好放大你抵扣过的那部分（第18章做机制）。时点收益和税率套利你留得住；全额留不住。

转售星号。 你的买家，终有一天，买到的是一套二手房——没有负扣税、二手折旧薄得可怜。你享受过的税务属性在你退场那天死掉，这会削薄你终究要卖进去的那批投资客出价。如果这在 $130万 的卖价上折掉两三个百分点，手指的一半就没了。

增长之间。 新盘建筑占比重、供给往往也重；内城二手土地占比重、且稀缺。二手那套只要每年多长一个百分点，到第十年就把整个现金流差距连本带利还了回来。没人能向你保证那一个点——而这恰恰是重点：决定仍然落在资产上，不落在法案上。

工作法则：先买那套"假如两者税务待遇完全相同你也会选"的房——然后让税务倾斜去破平局，别让它做选择。 一个值 $60,000 的破平局器，是个很重的破平局器。但它仍然不是投资理由。

"新"字的小字

楼花。你的 CGT 时钟和隔离档位都从**合同日**起跑，不是交房日——2026年签约、2028年交割，十二个月的钟早就走完了。你显然是首任买家，豁免干干净净。风险是那些古老的非税务风险——交割时的估值缺口、日落条款、开发商的效果图对现实。

买地建房（house-and-land）。 税务上最干净的"新"：你是一切的第一任。两个彩蛋——建造期间的利息，只要你有出租意图的证据就可抵扣（法院几十年前就定了；把邮件和中介的租金评估留好，那就是意图的证据），而且折旧表是满配的，因为整栋楼的每一块钱都归你提。

> **坑：** "新"是一种法律身份，不是一股油漆味。豁免属于**首任投资买家**——2030年从首任业主手里买一套2027年建成的公寓，在你手里它就是二手（第4章）。另一头的边界也一样：法案刻意把"新建住宅"留待定义——部长还可以用立法文书扩充受惠类别——所以一套深度翻新的转手房算不算，是真正悬而未决的。别在没查现行定义之前，为一套翻新房支付"全新"溢价、还默认它能负扣税或能选折扣（附录 A 跟踪进展）。
>
> **坑：** 开发商的营销从此会把税务待遇卖得比房子还起劲。"负扣税仍然可用！"——真、合法——而当它是整个卖点时，就是第6章反面清单第四条。豁免让糟糕的新盘更好卖了，没有让它更值得拥有。

Roy 给你算笔账（二）：十年，两扇门

把第一年的表拉长到十年外加一次退出，整个决定压缩成一个问题。示意数字，按 Jason 的47%：

十年合计	新联排	二手公寓
税后现金流（负扣税红利逐年消退）	+$12,000	掏出 &$90,000，其中约 $42,000 经池子在卖出时回流——净 &$48,000
出口摩擦：Div 43 回吐 / 转售星号	&$20,000 / &$34,000	约零 / 约零
十年现金流差距	≈ $60,000，**利于新房**	—
扣除出口摩擦后的净倾斜	$6,000–$60,000 **归新房**——取决于池子的时间价值、以及变薄的转售出价是否真的兑现	—

诚实的总账是：新房攒下约 $60,000 的十年现金流，而出口摩擦可能把大部分还回去——净倾斜落在区间的哪个位置，取决于时点，以及一个也许永远不会兑现的转售折价。现在让增长线说话。如果土地占比高的二手公寓在 $900,000 上每年只多长 1%，到第十年它大约**领先** $94,000，之后每年继续拉开——比倾斜最慷慨的读法还大。也就是说，整个税务大礼包，诚实合计，最多值大约一个百分点的年增长率。这就是带去拍卖会的那个问题：我信不信这套二手房每年比那套新房多长一个点？ 在紧俏的内城，历史常说信；在定价合理的增长走廊，常说不信。无论哪边，你都是在回答一个投资问题、外加一个已知的税务让分——而不是买一个抵扣、指望它附赠一套房。

一句话版本

改革刻意递给新房一份沉重的优势——亏损抵工资加全额折旧，常让第一年税后现金转正——但回吐、转售星号和"土地对建筑"的增长之间意味着：这份倾斜该用来在两套你本来就会买的资产之间破平局，永远不能替代其中任何一套。

现在就做

1. **拿真实数字把两个候选跑一遍上表**——你的税率、实际租金、新房那边配一份工料测量师的预估。
2. **然后把税务行删掉，问自己：待遇相同时你会拥有哪套。** 如果答案只因退税而翻转，你就是在买一个附赠房子的抵扣。
3. **楼花：把合同日记进日历**——它在你拿到钥匙的几年前，就定死了你的 CGT 时钟和隔离档位。
4. **要自建？从浇板那天起保存意图档案**——租金评估、中介往来——那是建造期利息可抵扣的凭据。
5. **付钱之前核实"新"的身份**——只认首任买家；"翻新当新房"的说法在指引落地前一律当悬案处理。

第 9 章

签字之前，先把贷款搭好

本章运行的逻辑：法院追的是钱的去向，不是抵押的房子。这一句懂了，下面全是细节。

在你拥有任何东西之前，就建好的那笔抵扣

利息会是你此生申报的最大一笔抵扣——对一套典型的杠杆房产，它比其他所有开支加起来还多。它也是唯一一笔你能在交割之前就永久损坏的大额抵扣——损坏发生在贷款经纪的桌子上，那间屋里每个人都在优化别的东西。经纪优化利率。银行优化它的抵押。没有人拿钱优化可抵扣性——而把可抵扣性最大化的那些结构，搭起来一分钱不多花，事后返工却要一大笔。

> **这条规则从哪来。** 整章坐在一条法院一百年前就定下的法理上：利息按借来的钱**干了什么**决定可否抵扣，不按贷款拿什么做抵押。抵押自住房去买出租房——可抵扣，因为钱去挣产生收入的活了。抵押出租房去买家用车——不可抵扣，不管贷款叫什么名字、银行押着哪栋楼。抵押文件是银行的事；用途轨迹才是 ATO 的事。下面每一条规则，都是这一条原则的应用题。

规则一：拆分，绝不混用

一个用途，一个贷款账户。一旦一个账户同时供两个用途的钱——比如投资首付加厨房翻新——你就拥有了一笔**混合贷款**，而混合贷款有个残

忍的性质：每一笔还款都被视为按比例偿还所有用途。你没法把还款瞄准私人那一片。污染是永久的，分摊比例跟贷款一辈子，你的会计师会年年为一道"当初开个 $0 成本的分账就不必做"的计算给你开账单。

跟经纪要按用途拆分——自住一笔、投资首付一笔、翻新一笔。银行做这个是家常便饭。唯一需要记得开口的人，是你。

规则二：offset，不是 redraw

澳洲个人财务里后果最重的一个结构选择，在产品说明书上看着像个四舍五入。

放在 offset **账户**里的钱是你的钱，停在贷款旁边。停着的时候抵减利息；取走它不改变贷款的任何用途——因为你从头到尾没碰过贷款本身。

额外还款是另一种性质：你永久缩减了借款。日后 redraw（**再提取**）出来，就是一笔新借款，用途看你把它花在哪。从投资贷款里 redraw $40,000 去度假，贷款的那一片从此就是私人的——按规则一，混合贷款，永远。

操作规则：**停放，不偿还**。富余现金进 offset。额外还款只留给那些你确定永远不会想要回来的钱。

规则三：未来出租的布局——那个 $141,000 的配置

规则一和规则二在这里复利，酿成年轻夫妻最贵的错误——也是最便宜就能避开的那个。

很多首套自住房日后会变成出租房——你升级了、换区了，旧的留着。到那一天，可抵扣的是这套房上**仍欠着的原始购房贷款**的利息。所以一切都取决于：转出租之前的那些年，你的富余现金是怎么处理的。

Roy **给你算笔账。** 两对夫妻，同样的 $700,000 自住房贷款，同样多年攒下 $500,000 富余，都升级换房、旧房留着出租。

A 夫妻拼命还贷，还到 $200,000，感觉很自律，然后 redraw $500,000 做新家的首付。这笔 redraw 是用于私人用途的新借款。他们的旧房变成出租房时，背着 $700,000 的余额，其中只有 $200,000 那一片可抵扣。

B 夫妻停放：$500,000 放进 offset，从不碰贷款本身，换房时把 offset 的钱挪去做新家首付。他们的旧房变成出租房时，背着原封不动的 $700,000 购房债务——**全额可抵扣**。

按6%利率，B 夫妻一年抵 $42,000 的利息；A 夫妻抵 $12,000。一年三万块的抵扣差，按47%是**每年税后** $14,100——**十年** $141,000——而这两家人的银行流水在经济上一模一样。差别只在他们的富余现金按了哪个按钮。

改革还加了一层：一套你在**2026年5月12日之前就已持有**的自住房，日后转出租，按已通过的法律读，落在分界线的祖父保留一侧——旧式负扣税、抵工资，全套（这一读法待细则落定时确认；附录 A）。这让此类房子上的 offset 布局不只值钱，而是双倍值钱：一大笔可抵扣的余额，**加上**一个能拿去抵扣的祖父保留档。只要你现在的家有一丝日后出租的可能，规则三就是为你写的。

规则四：私人债务先死

同时背着可抵扣与不可抵扣的债务时，每一块闲钱只有一份工作：**干掉私人债务。** 一块钱的自住房利息，花的是你完完整整的税后一块钱；一块钱的投资利息，花的是53分（按47%）——或者对被隔离的房产，现在花一块、日后以递延盾牌的形式回来（第4章）。横竖都是私人那一块最贵。

标准机械：私人债务还在时，投资贷款走**只还息**；富余现金进私人贷款的 offset；等自住房清了，策略才转向投资那一侧。隔离没有改变这个优先级——6%的私人利息节省，每一次都赢过把一笔入池亏损做大——它只是加上了第14章的问题：自住房清了之后，你是不是反而想把投资亏损设计得更小。

规则五：管道——首付、费用、抵押物

净值释放做首付，做对了。 从自住房净值里出20%首付是标准操作——正确的管道是以自住房作抵押**新开一笔分账**，直接划去完成购房。用途：投资；利息：可抵扣；抵押物是你的家这件事，按那条法理，无关紧要。错误的管道——从现有的私人自住房贷款里 redraw——制造的正是规则一警告过的混合贷款。

借款成本。 投资贷款的申请费、LMI、贷款估值费、交割费可以抵扣——摊五年（贷款更短则按贷款期）。单笔不大，合计几千；但只有交割文件包活下来它们才申报得到（第10章的文件夹）。

交叉抵押。 银行可能提议一个押着两套房的授信。对税务，抵押物无关——无伤。对其他一切——卖掉其中一套、转贷、议价——它把你日后想要回来的控制权交到了银行手里。首选各自独立的贷款、外加一笔干净的首付分账；税务结果相同，手铐一个没有。

> **坑：** "贷款押在出租房上，所以可以抵扣。" 我纠正频率最高的一句话。抵押物 ≠ 用途。押在出租房上、钱却拿去装修自住房的贷款，是私人的；押在自住房上、钱去买了出租房的贷款，是可抵扣的。追钱的去向。
>
> **坑：** 转贷是安全的——转贷后的贷款继承原用途——**直到**你"顺便加点额度"。加出来的那部分是带着自己用途的新借款；灌进同一个账户，就是混合贷款。转贷随意；加额度，只加进新开的分账。
>
> **坑：** 家里的钱——常见、美好，而且值得在第一天就写清楚。赠与很干净（就按赠与记录）。父母的真实借款可以带可抵扣利息，但前提是它是真的：书面条款、利息真的在付、对方那边申报了利息收入。资金从海外来的，来源文件一丝不苟地留好——今天不当回事的一笔汇款，几年后会变成你被问到的那个问题（第26章）。

法院追的是钱的去向，不是抵押的房子。

Roy给你算笔账（二）：同一笔首付，两种管道

给规则五的净值释放首付定个价。Jason 和 Mia 需要 $230,000——首付加费用——从自住房净值里出，用于2号公寓。

对的管道： 以自住房作抵押新开分账，直接划去购房。用途：投资。利息按6.1%——一年约 $14,000——**可抵扣**；税后成本约 $7,400。

错的管道： 从现有自住房贷款里 redraw $230,000。同一家银行、同一个利率、同样 $14,000 的利息——但 redraw 是新借款，而它所在的账户还背着私人的自住房债务：混合贷款，投资片的可抵扣性从此变成一道永久的分摊辩论题，文件最差的情形下，直接丢掉。税后成本：最高整整 $14,000。

一模一样的钱、一模一样的房、一模一样的利息账单——**一年 $6,600 的差距、十年 $66,000，**由交割那周经纪按了哪个按钮决定。而修复（第12章）比预防贵：贷款申请里的一句话——"新开分账，投资用途，交割时放款"——是这本书里最便宜的 $66,000。这就是为什么规则五说：贷款地图是用邮件发给经纪的指令，不是聊天时的偏好。

一句话版本

可抵扣性跟着借来的钱干了什么走，永远不跟抵押物走——所以每个用途单开账户、富余现金停进 offset 而不是还进你可能还想要回来的贷款、私人债务先死；而如果你的家有朝一日可能出租，仅"offset 还是 redraw"这一个选择，就值六位数。

现在就做

1. **签任何字之前，画出贷款地图：** 一个用途一笔分账、offset 挂在私人一侧、首付从新开的投资分账里出——然后把这张图用邮件发给经纪，作为指令。
2. **今天就审计你现在的自住房贷款，**只要它有一丝日后出租的可能：停掉额外还款、富余挪进 offset、碰任何 redraw 之前先问建议。
3. **定好债务优先级：** 私人债务存续期间投资贷款只还息；每一块闲钱砸向私人一侧。
4. **收好交割文件包**——借款成本摊五年申报，但只认记录。
5. **家里的钱到账当周就写文件**——赠与函或借款协议，海外来源的连汇路凭证一起留。

第 10 章

进场的成本

本章回答的问题：现在还是以后？——因为购房时花的每一块钱，要么现在抵扣、要么日后做盾牌、要么变成废纸。决定它归属的，是你的记录。

钱都去哪了

交割日。成交价只是标题——后面拖着一条尾巴：印花税、律师费、买家中介、建筑与虫害检查、贷款费用、你没细读的调整项，还有一张列着你从没听过的杂费的过户账单。一笔 $900,000 的购房，这条尾巴 $50,000 起步；对本章的某些买家，是它的三倍。

税务上，这些钱没有一块是没了的——除非你把纸弄丢。系统把每一块钱分进三个桶，而这一章的全部功夫，就是每张发票到手当天，放进正确的那个桶。

桶一：现在抵扣

比买家在成交时希望的小，但是真的：

- **借款成本**——申请费、LMI、贷款估值、抵押登记：摊五年抵扣（第9章）。
- **交割调整项**——把交割结算单逐行读一遍：你补偿给卖家的、属于你那段期间的市政费和水费，第一年就可抵扣。经常被漏，因为它们藏在一份法律文件上，而不是一张发票上。

[A]**房东保险**从第一天起；如果房子带租约成交，交割时划给你的租金调整是第一年的收入——桶系统是双向的。

[A]**起租前的利息**——从交割起（或建造期间，第8章）——只要你有出租意图的证据，可抵扣。

桶二：成本基数——存起来以后用的钱

大桶。印花税——通常是房价之外最大的一张支票——加上过户费、买家中介、建筑与虫害、产权与查册费，还有日后每一笔资本性改良，全部堆上这套房产的**成本基数**，等着遮挡最终的增值（第18章做完整的五要素解剖）。

这里有改革送给有条理的人的一份安静礼物：**新规则下，成本基数里的每一块钱都比从前更值钱。** 旧折扣下，一块有凭证的成本基数替你省五毛钱的应税增值。指数化下，这块钱从你花出去那天起向前膨胀，然后全额遮挡增值——一张2027年的印花税收据，到2030年代中期可能顶$1.30 的活，对面是按你全税率征的增值。折扣奖励好记录；指数化给好记录上复利。

> **坑：** 交割结算单是整场购房里最值钱的一页纸——桶一的抵扣、桶二的成本、第一天的收入，全在它一张纸上。当周就把整个交割文件包扫描进这套房的文件夹：合同、结算单、印花税收据、贷款文件、每一张发票。这跟第3、6章为估值线建的是同一套文件夹纪律；习惯从交割开始养，不是从卖出。

桶三：黑洞——以及怎么让它空着

真正打水漂的钱很少，只要你认得边界。你自己的劳动永远不能报。看房的差旅——买前买后都一样——2017年起对住宅就死了。还有那个经典：买的时候就知道"稍微收拾一下就好"的房子。那些是**初始维修**——修的是你买来时就带着的缺陷——它们是资本性支出，不是可抵扣的维修，不管发票看着多小。它们没有丢（桶二接住它们，一部分还能折旧），但你要是第一年按维修申报了，就等于给未来的审计预订了一笔调整。第13章画出维修对资本的完整地图；在购房阶段，规则很简单：头几个月修的一切先进桶二，直到有人告诉你不是。

有一个交割周的预约，能把桶二的纸变成桶一的金子、连变好几年：**工料测量师**（QS）。对新房——或任何带有2017年后合规工程的房子——QS 报告从第一天起就把你的 Division 40 和 43 折旧定好价（第8章的数字正是出自这样一份报告）。交割时就下单，趁楼里没家具、查验最容易。

外国人这一层：David 的交割

现在轮到那位"尾巴摇狗"的买家。David Liu 2025年以临时居民身份买下墨尔本的公寓，他的交割结算单上有三行本地公民永远见不到的字。

> **这条规则从哪来。** 外国买家这一层很年轻——2015到2017年间仓促拼装，那是住房政治第一次转向海外资本的年代。FIRB 对住宅购买的审查配上了真金白银的申请费；各州在普通印花税之上叠了**外国买家附加印花税**（税率各州不同——查你那个州的）；外国人持有的空置住宅有了年度**空置费**；持有年份各州再加附加土地税（第17章）。回头看，这是产出2026年的同一场政治位移的开幕式——十年来，海外业主一直是钟摆的第一个靶子（第26章讲完这个故事）。

今天规则的形状：非税务居民一般根本不能买二手住宅；**临时居民**可以买一套二手房自住、买新房投资；FIRB 批准和它的费用永远排在最前面。然后是钱：

Roy **给你算笔账。** David $650,000 的新公寓。普通印花税：约 $34,000。外国买家附加税约8%：再来 $52,000。FIRB 申请费：又是几千。他的进场成本接近本地买家的**三倍**——这还没开始算每年的附加土地税。

桶系统是他的安慰。普通印花税、附加税、FIRB 费，全是取得这件资产的成本——**桶二**，一分不少，还在新规则下向前指数化、遮挡他最终的增值。唯一一行什么也买不到的，是公寓真要空着时的**空置费**——把它当死钱看，把房子租出去。

还有这一层的出口：附加税跟着身份走。David 的永居下来那天起，之后的购买甩掉了附加印花税，他的年度附加土地税处境也随之改变——机制各州不同，值得在身份变化的那一年查一遍（第17、26章），因为没有人会主动寄给你一张你没开口要的退款。

> **坑：** 用对的口袋付购房成本。如果因为在优先消灭私人债务（第9章）而现金紧张，印花税和各项费用可以从投资分账里出——借款用途保持干净、利息可抵扣——而不是抽干那个正替你省着不可抵扣利息的 offset。同样的钱、不同的口袋、不同的税后成本。

折扣奖励好记录；指数化给好记录上复利。

Roy 给你算笔账（二）：David 的交割结算单，逐行进桶

整章浓缩成一页——David 交割周的真实清单，每一行归好位：

项目	金额	桶
成交价	$650,000	成本基数——第一要素
印花税	$34,200	成本基数

项目	金额	桶
外国买家附加印花税	$52,000	成本基数
FIRB 申请费	$6,350	成本基数
过户与查册	$1,840	成本基数
贷款费用 + LMI	$8,900	五年摊——分五年抵扣
市政费调整	$412	**现在抵**
水费调整	$96	**现在抵**
租金调整（带租约成交）	$1,246	**收入**——第一年
交割起的房东保险	$487	**现在抵**

合计：$744,390　归档进成本基数——从这一周起到他卖出那天，每一块钱持续向前指数化——$8,900 分五年摊销，约 $1,000 即刻抵扣，外加一行中介月结单上永远不会出现的收入。黑洞里，一分没有。交割日拿荧光笔花二十分钟，一份大多数买家看都不看就归档的文件，变成整个文件夹里最赚钱的一页。这张表就是模板：每一次购房，都在交割那一周跑一遍——趁过户师回邮件还快的时候。

一句话版本

购房的每一块钱落进三个桶之一——现在抵扣（借款成本、交割调整项）、成本基数以后用（印花税、律师费、中介——在指数化下更值钱）、或黑洞（自己的劳动、差旅、贴错标签的初始维修）——而一份扫描好的交割文件包加一份第一天的 QS 报告，能让黑洞在这套房的整个生命里保持空置。

现在就做

1. **交割周：建好文件夹**——合同、交割结算单、印花税收据、FIRB 文件（如有）、贷款包、每一张发票——扫描并备份。
2. **把交割结算单挖一遍**：第一年的抵扣（市政费、水费调整）和第一年的收入（租金调整）。
3. **交割时就预约工料测量师**，凡是新房或翻新占比高的房子。
4. **早期的每张发票先贴"资本性，待证明是维修"的标签**——初始维修是第一年审计的经典项目。
5. **外国或临时居民买家：** 附加税和 FIRB 费用归档进成本基数；房子空置别越过收费门槛；身份变化那一年，把复查写进日历。

第 三 部 分

持有

第11章 —— 把租赁申报表做规矩
第12章 —— 利息：最大的抵扣，最容易弄坏
第13章 —— 维修、改良与折旧
第14章 —— 与隔离共处
第15章 —— 你的家与你的投资房
第16章 —— Airbnb、Granny Flat 与兼职出租
第17章 —— 土地税与州级税层

第 11 章

把租赁申报表做规矩

本章回答的问题：*ATO* 到底看得见什么？——因为租赁申报表是这本书里每个决定一年一次全部现形的那一页。

每年七月，总有至少一位客户抱着一个鞋盒进门。里面是十四个月的收据、一张画满荧光笔的银行流水，和撑起这一章的那个问题——"所以这些里面，到底哪些能报？"租赁申报表在报税表上只是两栏数字，但每年在这两栏里赢掉和输掉的房产税，比我画过的任何重组架构都多。

他们手里已经有一份草稿

二十行申报表的现代真相：在你交之前，ATO 手里大体已经有了。你的中介每年向税务局报告。州押金管理局报告你的押金。银行报告贷款和利息。土地产权局在你买房那天就报告过。短租平台报告订单。你交上去的东西，会拿去跟别人早已交上去的东西对账。

这改变了这项工作的性质。**收入**这一侧，你的任务只是与现实对齐，因为现实已经被申报了。**抵扣**这一侧——没有人替你申报的那一侧——你的任务是把法律允许的每一项都报足，并且纸面跟得上。大多数业主做的恰好相反：抵扣因为含糊而少报，收入因为无知而报错。

收入：容易漏的那几行

租金本身是容易的一行——按收到时点计，包括中介六月收到、七月才转给你的那笔。漏的是它四周的零钱：

你留下的押金。 因损坏或欠租留下部分押金，它在你留下的那一年是收入——记住，对面有押金管理局的记录在对账。

租金损失的保险赔付。 断租险和租金损失险的赔款是收入（它们替代的是收入）。损坏的赔付不是——它冲抵维修支出，或落进资本账户。

租客补偿。 从租客收回的水费是收入；你付出去的水费是抵扣。两边都入账——轧差处理会跟自来水公司的数据对不上。

留下的退租违约金与订单费，以及购房年度的**交割日租金调整**（第10章）。小行；被对账的行。

> **坑：** 低于市场价租给家人合法且常见——但它把你的抵扣封顶在实际收到的租金对应比例上。半价租给你妹妹的公寓，在 ATO 眼里只有一半在产生收入：拿亲友价的租金去全额申报利息和市政费，你就搭出了整章里最容易被质询的那份申报表。要么按市场价出租、留一份中介评估在档，要么接受按比例抵扣。

抵扣地图

按你实际遇到它们的方式分类：

每年都有： 中介费与佣金 · 市政费 · 水费与排污费 · 土地税（第17章）· 建筑险、房东险、财物险 · 贷款利息（第12章）· 维修与保养（第13章画边界）· 物业管理基金与维修基金 · 园艺、清洁、除虫 · 招租广告 · 按折旧表提的折旧（第13章）· 会计费 · 出租账户的银行手续费。

有些年份有： 借款成本摊销（第9章的五年摊）· 工料测量师费（付款当年抵扣）· 租客纠纷与驱逐的法律费（可抵——但买卖或产权保卫的法律费是资本性的）· 预付开支：你选择把抵扣提前的那些（个人最多可预付十二个月——第20章要拉的时点杠杆之一）。

永远没有： 你自己的劳动 · 任何差旅（2017年起）· 房产真正私用或不可出租期间的费用 · 初始维修（资本性——第10、13章）。

> **坑：** 为资本工程加收的特别征费——大堂翻新、屋顶更换——是资本性的，不是抵扣，不管账单怎么措辞。日常的管理基金和维修基金供款可抵；给大楼修新健身房的特别征费进成本基数。问物业经理一句，每笔征费就归好了位。

这是谁的申报表？产权说了算。

共有房产的收入和开支**按法律产权**拆分——50/50 的联名就报 50/50，不管私下怎么约定、租金进了谁的账户、市政费实际谁付的。不存在"今年都放 Jason 的申报表上"这种操作。（罕见的例外——夫妻真正在规模化经营租赁生意——说的不是手里有几套公寓的家庭。）

这就是第7章为什么对过户师那三十秒如此大声疾呼：你买入时选的拆分，就是你此后每年申报的拆分。按份共有按各自份额报。

并且从2027年7月1日起，申报表长出一页影子。 对被隔离的房产，你算出来的亏损不再流向应税收入——它流向池子登记册（第4、14章）。申报表照样每年做全；变的是底线去哪里。

租金和开支跟着法律产权走——不跟着它们流经的银行账户走。

Roy 给你算笔账：1号公寓，一页纸，做规矩

Jason 和 Mia 的祖父保留公寓，2026–27财年，50/50 产权——各报以下的一半：

收入		抵扣	
收到的租金	$31,200	中介费	$2,270
收回的水费	$380	市政费	$1,860
留下的押金（地毯损坏）	$700	水费与排污费	$1,140
		保险（房东险+建筑险）	$1,690
		利息	$24,300
		维修与保养	$2,140
		物业（管理+维修基金）	$3,850
		折旧与资本工程	$3,600
		借款成本（五年摊第3年）	$410
收入合计	$32,280	**抵扣合计**	$41,260

净租赁亏损 $8,980——祖父保留，所以每人 $4,490 落到各自申报表上抵工资，老样子。他们线后买的2号公寓，一模一样的一页会有不同的结尾：同样二十行，底线进池子。

关于审计的无聊真相

真正触发租赁审查的是错配和轮廓：利息申报跟银行数据对不上、亏损率远超所在城区的常态、第一年维修暴涨（初始维修经典款）、押金管理局显示无租约的期间却在报抵扣、自住地址数据撞上出租申报。注意这张清单上是什么：**数据碰撞**，不是大数字。一笔大额、真实、有凭证的申报是安全的；一笔不大、含糊、事后拼凑的才不是。防御从来不靠聪明——靠你从交割那周就在建的文件夹（第10章）、一份与中介年度对账单分毫对得上的申报表，和一句话能解释清楚的分摊口径。

Roy 给你算笔账（二）：妹妹的房租

亲友价的坑，标好价。一位业主把第二套公寓以每周 $350 租给妹妹，市场租金 $620——一份值租金 44% 的心意，和一个更值钱的申报表问题。

收入：$18,200。全额抵扣：$41,300。天真的申报表全报——亏损 $23,100，按 47% 退回 $10,860。规矩的申报表按非商业安排比例分摊抵扣——大体上按实际租金对市场租金的比例——允许约 $23,300，亏损 $5,100，退税 $2,400。两份申报表之间的差距，大约是**每年** $8,500 的超额申报，而且恰好落在租赁审查最擅长发现的那个事实模式上（低于市场价租给亲属、对着押金和城区数据一眼可见）。

两条干净的路。按市场价收租，档案里放一份中介书面评估——$41,300 全额可抵，那份心意改在圣诞节转账里给。或者保留折扣、按比例申报，心里有数。那份每年更新的评估，是一张免费的、值 $8,500 辩护力的纸——这一章里给"让家人住自己房子"的人的最高价值文件。

一句话版本

ATO 在你申报之前就握着你租赁申报表的草稿——所以把他们已知的收入对齐（留下的押金、租金损失保险、租客补偿），把他们不会替你汇总的抵扣地图报满，一切按法律产权拆分，用真实记录让这页纸经得起审计。

现在就做

1. **申报前逐行核对中介年度对账单**——那正是 ATO 拿来对账的东西。
2. **扫一遍容易漏的收入行：** 留下的押金、租金损失保险、租客补偿、交割调整。
3. **拿抵扣地图对你的文件夹过一遍**——"每年都有"的每一项都该每年出现；缺一行就是丢钱。
4. **申报任何特别征费之前，先让物业经理归类。**
5. **租给家人？档案里放一份市场评估**——或者按比例申报，睡个安稳觉。

第 12 章

利息：最大的抵扣，最容易弄坏

本章仍在运行的逻辑：法院追钱的去向——而且它们会一直追下去，一张流水一张流水地追，追到贷款寿终正寝。

那封邮件通常在转贷办到一半时到，而且永远兴高采烈："好消息——趁着换贷款，我们可以顺手给你加 *$40k* 装修额度，同一个账户，一次审批。"一封热情的回复，十年干干净净的可抵扣性就此带上永久星号。这一章讲的是第9章之后的岁月——好贷款在哪里被悄悄毁掉，谨慎的贷款又如何复利。

那 $30,000，永久改变了一笔贷款

2022年，Kevin 急着买车，从第二套公寓的贷款里 redraw 了 $30,000。利率划算、钱就在那、一下午办完。从那以后，他每年都全额申报这笔贷款的利息。

他不该报。那次 redraw 是用于私人用途的新借款——他的"投资贷款"从那天起成了**混合贷款**：大约 95.7% 投资、4.3% 买车，而且（第9章的规则）此后每一笔还款都按比例同时偿还两片，所以那辆车永远出不去。Kevin 三年来每年超额申报约 $1,900 的利息——算 $890 的税——而且是在 ATO 能拿银行数据精确到一块钱对账的那一项抵扣上。不是欺诈——是漂移。但漂移的纸面轨迹指向错误的方向。

污染的算术——和修理包

一旦混合，贷款就一直混合：你没法把还款瞄准私人那一片，可抵扣比例被冻结进此后每一张流水。

但你可以**重建它**。转贷保留原用途——所以一笔混合贷款可以转贷成复刻两片的两笔分账：Kevin 的情形，一笔 $670,000 的投资分账加一笔 $28,700 的私人分账。从那天起，私人分账吃进每一块闲钱（规则四：私人债务先死），投资分账走只还息，干干净净地抵扣。在一个账户里永久的混合，跨到两个账户就有得治。

Kevin 的完整修理：补正超额申报的年份（主动披露——便宜、罚得轻，而且比等数据比对信来强无数倍），转贷成两笔分账，一年内干掉小的那笔。2022年那个下午的总代价：约 $2,900 的补正与差额利息，加一小时纸面工作。事先问一句的总代价：零——同一辆车，从 offset 里出钱，什么都不会改变。

> **坑：** 循环授信额度（LOC）是台混合机——一个额度、多种用途，工资进、买菜出、中间夹一笔股票。作为投资载体，LOC 每发生一笔交易就制造一道分摊难题。如果你手里有一个，上面那套修理包就是你这个季度的项目。
>
> **坑：** 借钱付利息——把投资利息资本化、好让现金去猛砸自住房贷款——坐在 ATO 已正式裁定反对的反避税地带（当避税是设计目的时）。与它押韵却能活下来的做法在下文的阳光里。这一招别在没有建议的情况下跑；多数情况下，别跑。

转贷：免费的动作和有价的动作

放心追利率——转贷后的贷款继承原用途，抵押物也可以跟着换（抵押物从来不是重点；第9章）。退出固定利率投资贷款的违约金可以抵扣。

唯一的规则：任何"顺便"加的**额度**都是带着自己用途的新借款——进新开的分账，否则就是用更低的余额复刻 Kevin 的问题。

税改之后的债务再造

旧世界里唯一穿过2026年反而更强的策略。套路：闲钱偿还私人自住房贷款；等额资金通过一笔干净的新分账重新借出；分账去买产生收入的资产。每一轮循环把一片不可抵扣的债务换成可抵扣的——总借款不变，税后形状更好。

变的是目的地。再造进**股票或商业地产**，2026年的任何东西都碰不到你——那些亏损（如果有）从来不进隔离网。再造进二手住宅，借款照样对着那套房的收入抵扣，但它产生的净亏损要进池子排队。所以这场改革悄悄给策略改了道：**债务再造现在指向隔离墙外时最亮**。

预付利息杠杆

个人最多可预付十二个月的利息并在当年抵扣——经典的六月动作：锁一个利率，预付一年，把一笔大抵扣拉进高收入年份。

税改后，这根杠杆按档位分裂。在**祖父保留和新房**上它一如既往地好用——Kevin 盯着2028年收缩工作前的最后一个满薪年，在2027年6月给他的祖父保留公寓预付 $38,000，趁还有 47% 可抵的时候按 47% 入账。在**隔离档**房产上，预付只是把今年的入池亏损做大——递延里的递延，几乎不值钱。拉杆之前先认清你在哪个档位（第20章搭完整的时点打法）。

与被隔离的利息共处

对入池的房产，一大笔利息账单是"浪费"吗？不是——第4章的判断成立，亏损等待而非死亡——但等待有价格，这在私人债务清零后重排你的现金优先级：

对着被隔离贷款的 offset 成为一等一的用钱去处。 每一块停在那里的钱省约 6% 的利息——也就是一块你从未发生的亏损，对面是一块要排队十年的亏损。一个有保证的、即时的、无风险的税后改善。2026年前的投资者把亏损做大；被隔离的业主把亏损做小。**负扣税作为目标已经死了，哪怕它作为事实还活着**——这套工程思维在第14章继续。

还有一条比所有策略都活得久的家务事：只还息期到期、月供跳升时，从来只有利息部分可抵扣——本金是、也一直是税后的钱。把只还息到期日记进日历；现金流的台阶到来时不附带任何退税，任何档位都一样。

停放，不偿还——并且永远不让借来的钱去付另一笔借款的利息。

Roy 给你算笔账（二）：五个六月的债务再造

把策略跑成数字。一对夫妻背着 $480,000 的不可抵扣自住房贷款，利率 5.9%，每年产生 $60,000 的真实盈余。每年六月：$60,000 偿还自住房贷款；同一周新开一笔 $60,000 的投资分账，买入一篮子分散的股票组合。总借款没有增加——债务只是换了队伍。

第一年结束：$60,000 的债务完成转换；$3,540 的利息从不可抵变成可抵——按 47% 税后值 $1,660，外加组合的股息和 franking 抵免同步干活。五个六月之后：$300,000 **完成转换**，年度税后利息节省跑到约 $8,300——年年如此，贯穿债务的整个生命——而自住房贷款本来也在按计划缩小。

让这一章成为它正确归宿的税改脚注：指向股票时，这套策略从不触碰隔离——亏损从来不是目的，就算出现也留在池子外面。指向一套二手公寓时，同样的转换照样对着那套房的租金抵扣，但净亏损要排队（第14章）。同样的机器、不同的目的地、实质不同的税后速度——第4章"借款能力会迁移"论点的家庭尺度证明。让这一切保持合法的纪律：真实的盈余现金、每年六月干净的分账，以及永远不让一块借来的钱去付另一笔借款的利息（上面那个资本化的坑）。

一句话版本

利息仍是申报表上最大、也最可核验的抵扣——所以永远不为私人用途 redraw，把任何混合贷款转贷成用途纯正的分账来修复，把债务再造指向隔离墙外，并且只在抵扣还能遇到工资的档位上拉预付杠杆。

现在就做

1. **审计购入以来的每一张贷款流水找** redraw；任何私人 redraw 都意味着修理包——补正、拆分、清灭。
2. **手里有对着投资的循环授信额度?** 本季度就安排用干净分账替换它。
3. **每年放心比价转贷**——转贷继承用途；加额度只进新分账。
4. **私人债务清零那天起，** offset 的钱先对准被隔离的贷款——从未发生的亏损，胜过等待的亏损。
5. **把只还息到期日和六月预付窗口记进日历**——一个是现金流悬崖，一个是可以在年份之间搬动的抵扣（第20章）。

第 13 章

维修、改良与折旧

本章回答的问题：现在还是以后？——因为装修的每一块钱，要么是今年的抵扣，要么是四十年 2.5% 的滴灌，要么是一张按使用寿命走的折旧表。发票怎么写，决定它是哪个。

一个师傅，一个星期，三种税务结局

Kevin 最老那套公寓的淋浴间一直往墙里渗水。水管工报了修理价；然后，既然反正都敞开了，话题就长大了：新浴室柜、整体重新贴砖、更好的龙头——算它一间 $28,000 的浴室。

这一个工程里住着三只不同的税务动物。修漏水、恢复水渍损坏是**维修**——今年抵扣。重新贴砖和新浴室柜是**改良**——资本工程，四十年每年 2.5% 摊销。新的加热毛巾架和排气设备是**设备**——按各自使用寿命折旧。同一周、同一间浴室、一张发票——而这张发票写的是"浴室翻新——*$28,000*"还是把三只动物分列开来，就是一笔干净申报和一次第一年审计调整的区别。

分类是房产税里出现频率最高的判断题——你持有的每一年都要做——而它跑在法院几代人之前就定下的测试上。

三分法

维修——现在抵。 你把某样东西恢复到原样，修的是出租期间发生的磨损或损坏。以旧换旧是核心——不过法院接受现代等价物（坏掉的镀锌管换成今天的铜管仍是维修；没人还在生产1965年的管子）。修一样东西的一部分是维修：补一段栅栏、修一片屋顶。

改良——资本工程， Division 43。你把它变得更好了：更高级的材料、扩展的功能、加建。同样被抓进来的：更换**整体物**——整道栅栏、整个屋顶、整面挡土墙。换部分是恢复；换整体是重建。资本工程自完工起四十年每年抵 2.5%——慢，但长，而且每一块有凭证的钱（按建造成本，不按价值）都在持续滴灌。

设备——Division 40。可移动的功能件：家电、地毯、窗帘、热水器、空调。各有使用寿命，按寿命折旧——比 2.5% 快，跑在工料测量师给你建的折旧表上。

> **坑——初始维修推定。** 持有头几个月修的任何东西，都被推定为你买来时就带着的缺陷，不是租客造成的损坏——资本性，不是维修，发票多小都一样（第10章预警过；这里是它咬人的地方）。测试从来不是工程大小，而是劣化发生在什么时候。留好交割日的照片和验房报告：日后证明第三年的风暴损坏在第一周还不存在的，就是它们。
>
> **坑——发票决定审计。** 让每个师傅分项开票：修理漏水淋浴间及水渍墙板——*$6,800*；供应安装新浴室柜、重新贴砖——*$16,000*；毛巾架、排气——*$1,200*。水管工的九十秒，把一笔没法辩护的整数变成三笔干净的申报。"浴室翻新——$28,000"按维修申报，是租赁审计里最常见的单项调整。

天真的申报冒审计的险；胆小的申报白送几千块。分好类的申报既是最大化的，也是防弹的。

Roy 给你算笔账：$28,000 的浴室，分好类

组成	动物	第一年抵扣	第一年税后价值（47%）
修漏水+水渍	维修	$6,800	$3,196
贴砖、浴室柜、防水	Div 43 @ 2.5%	$400（此后 $400/年 × 40）	$188
毛巾架、排气、龙头	Div 40	约 $900	$423
合计		$8,100	$3,807

天真的申报（$28,000 全报维修）冒审计的险；胆小的申报（$0——"反正都是翻新"）第一年白送 $3,800，还搭上四十年的滴灌。分好类的申报既是最大化的，也是防弹的。整章就在这一张表里。

Division 40 和 2017 分界线

> **这条规则从哪来。** 2017年以前，二手房买家继承每一台老化洗碗机和旧地毯的折旧——常常还配着把2009年烤箱估成2016年成色的乐观折旧表。2017年5月的预算终结了它：对住宅房产，**随房取得的二手设备，新业主不得再折旧。** 你只能折旧你自己买的新设备。它几乎没遇到抗议就通过了——1987年以来第一次贴着负扣税动刀（第1章），2026年的安静彩排。它的现实遗产：新房与二手房之间的折旧鸿沟（第8章的表），和今天 QS 报告的样子。

对你的档案有两个后果。第一，二手设备的价值没有蒸发——它挪进资本账户，处置时结算；你的 QS 会跟踪它。第二，二手房购入时，报告真正的活是 Division 43：资本工程的申报完全不受2017规则影响，买家继承

剩余的四十年折旧表——所以购入时向卖家要建造成本和任何既有的 QS 历史，让你自己的 QS 去估计纸面证明不了的部分。

QS 报告的经济账，说白了：费用几百块、本身可抵扣，而且在大多数房产上第一个完整年度就能找出几千块的抵扣。交割时就下单（第10章），通常第一年退税就数倍回本。

报废扣除：拆除的红利

要装修？垃圾斗到场之前，先让 QS 给要离开的东西定价。你拆掉的资本工程带着未摊完的残值——拆除当年一次性核销——你本有权折旧的设备在报废时拿一笔平衡性抵扣。装修的破坏物里，动辄藏着几千块的当年核销。（2017规则的影子同样适用：你从来无权折旧的设备不能报废扣除——QS 分得清哪台是哪台。）

一只眼盯着档位

上面的一切都在放大抵扣；什么时候值得做，如今取决于第4章的档位。在祖父保留和新房上，一块分进"维修"的钱当年按你的边际税率退回——用力分类，把可自由安排的维修排进高收入年份（第20章）。在隔离档房产上，同一块钱只是把入池亏损做大——依然值得报、依然值得分对类，但紧迫感挪到了资本这一侧：Division 43 的记录和改良发票正在构筑指数化将要复利的成本基数（第10章）。同样的分类，不同的奖品，按档位而定。

Roy 给你算笔账（二）：给垃圾斗定价

报废扣除，算给你看。浴室之后两年，Kevin 决定给同一套公寓做 $46,000 的厨房加浴室翻新。拆除日之前，工料测量师给要离开的东西定了价：

旧厨房——2011年建造，在 Kevin 继承并延续的 Div 43 折旧表上——带着 $6,800 未摊完的资本工程残值：拆除当年全额核销。Kevin 自己2019年全新安装的抽油烟机和洗碗机——他有权折旧的设备——带着 $2,900 的未折余值：同年一笔平衡性抵扣。（他随房继承的2011年原装家电什么也报不了——2017规则的影子；QS 分得清每台机器的序列号。）垃圾斗里的东西贡献的当年抵扣合计：$9,700——**税后约** $4,560，大约是这份退出报告费用的十五倍。新工程随后按现代造价上折旧表：接下来四十年，每年再来 $2,300 的 Division 43。

顺序就是全部诀窍：退出报告发生在拆除**之前**——估价师没法给已经进了填埋场的厨房定价。订建筑商的同一周给 QS 打一个电话；这是整场装修里最赚钱的一通电话。

一句话版本

装修的每一块钱要么是维修（现在抵——以旧换旧地修复出租期损坏）、要么是改良或整体更换（四十年 2.5%）、要么是设备（按寿命折旧）——所以每张发票分项开、尊重初始维修推定、QS 报告趁早订，并且在任何东西进垃圾斗之前先给报废红利定价。

现在就做

1. **给每个师傅交底：分项发票、维修单列**——九十秒决定审计。
2. **购入时和每次退租后拍照留档**——那是给损坏定年代的证据。
3. **持有早期的一切工程先按资本处理，直到证明是维修**——初始维修推定是真的。
4. **交割时订 QS 报告；装修后更新它**——并且先让要离开的工程做报废定价。
5. **可自由安排的维修按档位选时点：** 祖父保留的排进高收入年；隔离档的以记录优先。

第 14 章

与隔离共处

本章回答的问题：现在还是以后？——在日常运营层面。你的亏损在等待；这一章讲怎么让它等得好、等得短。

你的一部分财富，现在住在一张表格里

2028年7月。Jason 和 Mia 提交隔离时代的第一份申报表。2号公寓的二十行申报表做得一如既往地仔细（第11章），底线写着亏损——然后，在澳洲人的活体记忆里头一回，什么也没发生。没有退税。亏损侧身一步，离开申报表，走进一本登记册。

从2027年7月1日起，你净资产的一部分是一个**结转余额**——真金白银、可回收、银行看不见、纸面一死就一文不值。在隔离下活得好的业主把这本登记册当资产管：精确记录、不情愿地喂它、并且规划把它花掉的那一天。

台账，向前跑

池子每年的运算顺序：隔离亏损先遇你的**其他住宅租金收入**，再遇**住宅资本利得**，剩余**逐年结转**。看它在 Jason 的登记册上跑（2号在他名下；祖父保留的1号公寓的利润经由 50/50 产权流过他这一侧）：

年度	2号结果	1号利润（他的一半）	净入池	累计余额
2027–28	& $12,000	+$2,000	& $10,000	$10,000

年度	2号结果	1号利润（他的一半）	净入池	累计余额
2028–29	&$11,200	+$2,400	&$8,800	$18,800
2029–30	&$9,800	+$2,900	&$6,900	$25,700
2030–31	&$7,900	+$3,300	&$4,600	$30,300
2031–32	&$5,600	+$3,700	&$1,900	$32,200
2032–33	&$2,800	+$4,100	+$1,300 被吸收	$30,900
2033–34	+$600	+$4,400	（转正——池子经上年抵扣缩小）	$25,900

注意两件事。余额先冲顶再回落——租金上涨、贷款摊还，健康的登记册是驼峰形。而祖父保留的那套在悄悄干双份活：它的亏损（如果有）照样退工资的税，它的利润却在排空池子。祖父保留的存量不只是受保护——它是池子最好的溶剂。

然后是兑现之年：2号公寓2036年卖出，产生住宅资本利得，届时剩下的余额——比如 $22,000——在缴税前从增值里扣掉。按 47%，登记册的最后一页值大约 $10,300。每一块亏损都算了数；隔离只决定了什么时候。

（给你会计师而非给你的一条机制注记：结转亏损如何叠上分段增值的两条腿——打折的*2027*年前腿对指数化的新腿——仍在细则落定中，附录 *A* 跟踪；登记册的工作两种答案下完全一样。）

不情愿地喂它：做小的心法

四十年来，投资者做大亏损——每多一块钱抵扣，七月就多退一笔。隔离把入池房产的目标反了过来：推迟十年的亏损，远不如从未发生的亏损值钱。工程菜单，按威力大致排序：

Offset 优先。 私人债务清零后（第9章的优先级），每一块停在被隔离贷款旁的钱省约 6% 的利息——一次有保证的、即时的、对被困亏损的收缩。对大多数业主，这是他们在任何地方能拿到的最好的无风险回报。

让本金干活。 对入池房产，还本金不再是旧世界教的"税务低效"——它把一笔排队的亏损换成净值，并把转正的交叉点往前拉。只还息，从前的自动答案，现在是一个你应该说得出理由的主动选择。

推收入这条线。 每年拿中介的可比数据做租金复核；小额、可折旧、能抬租金的增值改造（第13章把发票分好类）；对经常性支出保持纪律。旧的无所谓——"反正都能抵"——把抵扣定价在 47 分；池子把它们定价在推迟的分。

看住缓冲。 没有退税补贴坏年份之后，房产必须靠毛现金流活下来。同一个季度里的一次空置、一次加息加一台热水器，从前每年七月都会被软化；现在全是你的，实时到账。offset 里放三到六个月的支出，是隔离时代的最低配置。

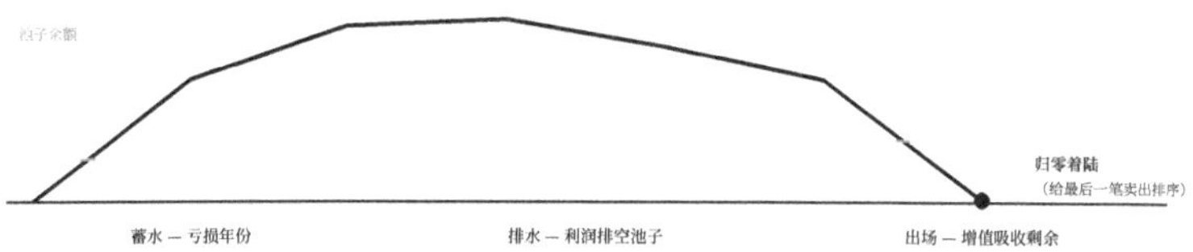

池子的一生：亏损年份蓄水、利润年份排水——最后一笔卖出时归零着陆。

花得漂亮：卖出排序

登记册的终局有一个值得提前几年规划的坑：**搁浅余额**。隔离亏损永远只能遇上住宅的租金和增值。在池子还没排空时卖掉你最后一套住宅——增值小于余额，或根本没有增值——剩余的部分就守着你再也不会赚到的住宅收入等下去。法律上活着；实践中搁浅。

所以给退出排序。清仓一个组合时，按能让增值把池子喝干的顺序实现收益：高增值的房产吸收力大于边缘的那套；最后离场的资产应该让登记册归零，而不是让登记册活得比组合还久。如果你打算彻底离开住宅投资，池子余额就属于退出数学的一部分——它改变哪一年、哪一套先走（第20章）。

> **坑：** 池子按纳税人算，不按夫妻算（第7章）。Jason 的余额碰不到 Mia 的增值。如果家里未来的购置都会放在 Mia 名下，一台搁浅在 Jason 名下、身边没有其他住宅资产的亏损机器，等得最久。产权选择和登记册策略是同一个决定。
>
> **坑：** 两本登记册，两种动物。隔离的租赁亏损是收入性金额、有自己的顺序；卖资产产生的资本亏损住在 CGT 表里、有它们自己的。两者不混用、不互替，而审计最爱把它们搅在一起的申报表。
>
> **坑：** 登记册只在你记它的时候存在。每套房、每一年：亏损、池内抵扣、期末余额——表格里的一个 tab，从第一年维护起。2036年跨着两任会计师和一次银行合并去重建2028年的数字，就是可回收的钱变成不可回收的方式。（而且哪怕池子按纳税人轧差，逐套明细也值得留——卖出分配、审计轨迹、以及未来某届国会改变轧差规则的可能性，都奖励颗粒度。1987测试双向切：如果隔离有朝一日被解除，一本干净的登记册就是把过渡变现的东西。）

安排好卖出顺序，让最后一套住宅的出售把池子喝到零。

Roy 给你算笔账（二）：搁浅余额，标好价

卖出排序的警告，换成美元。一位准备退休的投资者手里剩两套公寓和 $31,000 的池子余额。她先卖小的那套——分段后应税增值只有 $12,000——两年后卖掉第二套、彻底退出住宅，应税增值 $78,000。

她的顺序： 第一笔卖出吸收池子的 $12,000；第二笔用 $78,000 的增值吸收剩下的 $19,000。终点余额：**零**——每一块结转的钱都算了数，两年间值约 $14,600。

反过来的顺序——如果大增值那套是几年前池子还没攒起来时就已经卖掉的：最后那笔小增值的卖出吸收 $12,000，$19,000 **搁浅**——法律上活着，永远等着她再也不会赚到的住宅收入。损失的价值：约 $8,900。

同样两套房、同样的价格、同样的池子——顺序值将近九千块。而这份规划便宜得离谱：一本从第一年就记着的登记册，加退出模型里的一行——最后一笔住宅卖出，能让余额归零吗？三四套房的组合排列组合会成倍增加，这正是第20章把卖出顺序当一等变量而非事后补丁来建模的原因。

一句话版本

像资产管理人一样运营隔离：从第一年起记一本逐套登记册、把喂进去的亏损做小（offset 优先、欢迎本金、推高租金）、让祖父保留的利润排空它，并给退出排好序，让最后一笔住宅卖出把余额花到零，而不是把它搁浅。

现在就做

1. **今年就开登记册——**房产、年度亏损、池内抵扣、期末余额——表格一个 tab，每次申报后更新（companion 页面有登记册模板）。
2. **私人债务清零当天，把 offset 的钱改道对准被隔离的贷款**；把只还息当选择重新审视，不当默认。
3. **每年一次带可比数据的租金复核记进日历——**池子把每一块收入重新定价为全额。
4. **缓冲里放三到六个月的支出——**从前吸收冲击的七月退税，不会来了。
5. **任何组合卖出之前，先给池子建模——**哪套、哪年、什么顺序能让登记册归零。

第 15 章

你的家与你的投资房

本章回答的问题：自住还是投资？——具体说：当一套房产改变它的答案时会发生什么。而大多数房产，终有一天会改。

一份可以随身带走的优惠

大多数澳洲人此生持有的最值钱的税务优惠，不在养老金里。是自住房豁免——动辄六位数、有时七位数，而且（第1章）是四十年来没有任何一届政府敢碰的那条边界。2026年税改完全没动它，这反而悄悄抬高了它的价值：一笔豁免的增值，如今躲开的是全额税率的指数化征税，而不是半额征税。"家"与"投资"之间的价差，从来没有这么宽过。

而且在限度之内，**你可以把它随身带走**。 搬出去、把家出租好几年，然后——做得规矩的话——照样免税卖掉。但房产不停地跨越"自住/投资"这条线（你升级换房、旧的留着；你为工作搬家；你搬去和伴侣同住），而每一次跨越都有规则。明知规则地跨，规则慷慨得惊人；蒙着眼跨，你就把差价白送了。

> **这条规则从哪来。** 1985年的豁免是绝对的——而绝对的豁免会漏。所以每一条慷慨的规则都配生了一条边界规则：自住转出租的重置、出租转自住的分摊、不惩罚流动性的离家宽限、和不许一家同时开两套免税房的"一次一套"。这些都不是反避税的刁难；它们是让豁免在栅栏之内保持绝对的那圈栅栏。学会栅栏，牧场就是你的。

跨越之一：先自住、后出租——重置

你的家**第一次**产生收入的那一天，法律视同你在当天、按市场价值取得了它。你居住那些年的全部增长被封存，免税，永远；投资时钟从重置值起重新起跑。

三个后果，按重要性递增：

把那个价值证据化。 重置的成色取决于它的数字。转换日前后两三份书面中介评估、照片、可比成交——第3章估值线上的那套牛皮纸文件夹功夫，用在另一条线上。（2027年年中转换的业主买一送一：同一份证据档案两条线都用。）

重置是自动的，不是可选的——只要这个家到那天为止一直全额豁免。你不用选它；你要记录它。

它和第9章的布局叠加。 把闲钱停进 offset 的那对夫妻，转换出来的是一个带着大额可抵扣贷款加崭新高成本基数的家——而且，如果这个家在2026年5月12日前已持有，还站在负扣税分界线的祖父保留一侧。全额贷款、重置基数、祖父保留档——这三件套，是一个普通家庭在税改后世界里能占据的最强税务位置。

六年规则——和那个用后见之明做的选择

搬出你的家并把它出租，你可以**继续把它当作你的自住房，最长六年**——如果不出租，则无限期。真正搬回去住，六年重置，再次可用。

条件不多但真实：这个家必须真正当过你的自住房（住过、水电开着、信件寄到——象征性入住恰恰败在 ATO 手里的那些数据上）；而且在你把它当自住房的期间，**其他任何房产都不能是**——你不能、你的配偶也不能。这就是价签：旧家申报的豁免天数，就是新家累积的敞口天数。

现在是几乎没人告诉你的部分：**你不是在搬走那一刻选——你在卖出时、带着后见之明选。** 选择在卖出年度的申报表里做。这意味着你今天的工作不是做决定，而是让两个选项都活着——旧家的重置证据、新家的记录——好让未来的你握着全部事实挑赢家。

Roy **给你算笔账**。Jason 和 Mia 2028年升级换房，Chatswood 的旧家留着出租（重置值：$1,350,000，已证据化），2033年以 $1,650,000 卖出——在六年之内。

选项 *A*——选旧家：重置后 $300,000 的增值**全部豁免**。代价：新家背上五个敞口年（2028–33）。如果他们把新家持有到2045年——十七年——那五年就是它最终增值的 5/17，应税。假设它涨 $120万：约 $353,000 暴露在外，几十年后，还没算它自己的减免。

选项 *B*——保新家：旧家 $300,000 的增值现在交税（分段、指数化后，按他们的税率 $46,000 出头）；新家保持一尘不染。

选项 A 在这里赢，而且通常都赢——省下的是确定的、现在的，而敞口被他们持有新家的每一个额外年份稀释（5/17 变 5/25 变 5/30）。但那句"通常"是在干活的：新家打算短持、或者行情恰好集中在新家，答案就翻面——这正是法律让你到卖出时才决定的原因：记录、而不是决定，才是今天的任务。

> **坑：** 时钟按每次离家算，不按一生算——但出租超过六年，敞口开始一天一天漏出来。租八年，两年份额的增值应税（以重置值为基数）。把任何离家期的第五年记进日历：那是在搬回去、卖掉、或接受渗漏之间做决定的一年。

跨越之二：先出租、后自住——没有重置

这个不对称让所有人吃惊。搬进你的出租房，没有市值重置——豁免没法追认投资时代的增长。你拿到的是按时间分摊：最终增值的应税分数

= 出租天数除以总天数。一套租了六年、又住了十二年的公寓，卖出时6/18的增值应税——那一片按指数化、全额税率，其余豁免。

两个刀口。豁免天数从你真正搬进去起算——买一套带租约的房，租约那几个月永远不豁免。而搬进去杀死抵扣的同时也停掉了敞口时钟：对一套你打算永远持有、传下去的房（第25章），把它转成家是一步正当的长棋；应税分数从那天起冻结并被稀释。

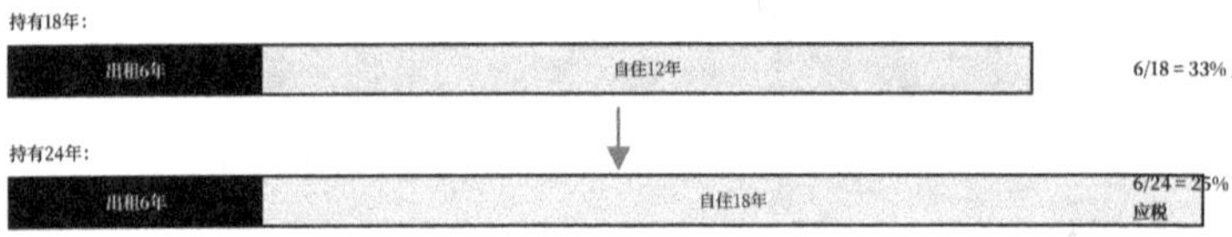

出租的年份不会消失——它们只是越来越不重要：每多住一年，应税的那一片就缩小一分。

值真金白银的小字

六个月重叠。 旧家还没卖就买了新家？两套可以同时豁免最长六个月——前提是旧家在最后十二个月里至少有三个月是你的自住房、且那段窗口没有出租。是这条规则让过渡期变得文明——但条件精确；换错顺序交换合同之前先查一遍。

一家一套。 夫妻之间只有一套自住房（或者两套各分一半豁免——几乎从不更划算）。"一人留一套"的计划，会被选民登记册击败。

非税务居民的阴影。 这一章的一切都假设你卖出时是澳洲税务居民。2019年起，非税务居民卖出一般整体失去豁免——整段历史，不只是离家那几年。如果全家搬去海外在你的地平线上任何位置，第26章的排序——说白了，走之前卖，或者回来再卖——压过这里的每一个选择。

每多住一年，分数就稀释一分——日历就是策略。

Roy 给你算笔账（二）：搬进去的长棋

跨越之二，标好价——以及藏在里面的策略。一套 $350,000 买入的公寓租了六年，然后成为业主的家。总共持有十八年后卖出，增值 $670,000：应税分数 6/18——$223,000 暴露，其余豁免。

现在看每多住一年会发生什么。第十九年，分数是 6/19；到第二十四年，6/24——同样的六个出租年，被一个不断变大的分母稀释。在这笔增值上，每多住一年，应税片就缩小约 $9,000-$11,000——算它**每年 $3,000-$5,000 的税，只因为继续住在那里**，房子本身的表现另算。

这就揭开了不对称所允许的那步长棋：一套注定要持有几十年——或传下去（第25章）——的房产，可以被有意地转成家，冻结敞口计数、让分母继续跑。没有重置、没有选择权、除了真实的搬家没有任何纸面工作：只有算术，在选民登记册和水电账单都写着"家"的每一年里，安静地朝你这边复利。镜像的纪律同样成立——旧家出租超过六年窗口的每一年，都在以同样方式累积敞口。两个方向上，分数就是策略，日历就是你挪动它的手。

一句话版本

"家/投资"这条边界付钱给深思熟虑跨越它的人：先自住后出租的家按市值重置、居住年份的增长免税封存，六年规则让你带着豁免穿过离家期，选择权等到卖出时用后见之明行使——所以今天的工作是证据和记录，而唯一不可原谅的动作，是以非税务居民身份卖出。

现在就做

1. **自住转出租？当周就把价值证据化**——评估、照片、可比成交。重置是自动的；数字是要你自己证明的。
2. **搬出去之前：先跑一遍水电加选民登记册测试**——你要带走的豁免，必须先真实地建立过。
3. **任何离家期都同时留两份档案**——旧家和新家——让卖出年的选择建立在完整信息上，不建立在传说上。
4. **把任何出租离家期的第五年记进日历**——在六年渗漏开始之前做决定。
5. **有一丝可能成为非税务居民？挂牌任何东西之前先读第26章。**

第 16 章

Airbnb、Granny Flat 与兼职出租

本章回答的问题：自住还是投资？——当诚实的答案是"都沾一点"的时候。而豁免，正是在这里裂开。

现在连饭局上都会聊到这个："我们家 *granny flat* 挂在 *Airbnb* 上——那基本就是免税的钱，对吧？"我已经学会先把筷子放下再回答，因为诚实的答案会让一桌人重新坐直：那是应税收入，它会割裂自住房豁免，而这件事到底值不值得做，取决于桌上没人算过的一组数字。数字在这里。

有些业主此生赚过的最贵的 $8,000

一间挂上 Airbnb 的空房。车库上面的一间 studio。孩子还小时租出去的楼下小套间。收入来得容易、平台把活都干了——而收入上的税，是这个故事里小的那一半。

真正的价格更安静：**你的家第一次挣到一块钱的那一天，自住房豁免裂开了。** 不是被摧毁——是被精确地、按一条公式割裂。第15章的边界在房产之间；这一章的边界穿过一套房产。这一章的规则不是"别做"——扣完税，出租常常仍然有利可图。规则是：**先把整道算术做完。**

裂缝，标好价

一边住一边把家的一部分租出去，三件事同时发生：

收入应税——平台的每一笔打款，都对着平台如今向 ATO 报送的数据。"就是搞点 Airbnb 而已"这句话，正是数据比对程序为之而建的。

抵扣按比例分摊——持有类成本（利息、市政费、保险）按出租面积比例、乘以出租时间比例；共用区域通常减半计权；纯为客人发生的（平台费、客用布草、接待用品）全额可抵。

同样的分数割裂豁免。 卖出时，增值的应税片 = 产生收入的面积分数 × 产生收入的时间分数。有一条仁慈：你的家第一次产生收入的那天触发第15章的**市值重置**——裂缝只够得着那天之后的增长，永远碰不到你此前的居住岁月。

Roy 给你算笔账。 一对夫妻把家里一块独立的 20% 挂牌出租四年，然后停掉，总共持有二十年后卖出。重置后增值：$800,000。应税片：20% × 4/20 = 4%，即 $32,000——按新规则征、30% 起步，算它 $10,000-$15,000。对面是约 $32,000 的出租收入（一路本身也在交税），这单生意仍然是赚的——但账面收入的三分之一到一半，悄悄在两头交了税。赚，是的。免费的钱，不是。挂牌前把这道算术做完的夫妻，睁着眼继续做；没做的那对，十年后会在卖出年的申报表上撞见这道裂缝。

> **坑：** 真实的搭伙——家人或朋友分摊伙食和账单——是家庭内部的成本分担，不是收入。不用交税，也没有抵扣。分界线是商业性：接近市场的价格、陌生人、平台。别把房租打扮成搭伙（数据不会同意），也别为真实的搭伙恐慌（法律根本不管）。
>
> **坑：** 这一切都没有 GST——住宅租金，包括普通住家里的短租，属于进项税式豁免。坑在反方向：为一间空房去注册、或被人怂恿注册 GST。你既不收 GST，也不抵进项。（真正商业规模的运营是另一本书。）

Granny flat：两副面孔

一间 granny flat（后院独立小屋）要么是一门小出租生意，要么是一项家庭安排，税务处理在这两者之间整个分岔。

面孔一——商业化的小屋。 按市场价租给租客，它就是这一章的规则、边缘干净利落：它占家的面积分数、在出租时间内产生收入；收入、按比例分摊的抵扣、和裂缝全部照走。一间自成一体的小屋常常配得上自己的折旧表（第13章）——也会把裂缝分数推得比一间空房高得多。

面孔二——家庭安排。 Helen 的子女正在自家后院给她建一间小屋；她出一部分建造款，住到终老。几十年来，恰恰处在这个位置上的家庭，因为把事情办规矩而被悄悄惩罚：一份授予母亲居住权的书面协议，对房主是一个 CGT 事件、签署即应税——于是家家都不写下来，老人们攥着一纸无法执行的口头承诺，面对人生最大的一项安排。

> **这条规则从哪来。** 2021年的 granny flat 豁免生于老年照护与老年人受虐政策，不是税务政策：多轮审查发现，CGT 处理正在积极劝阻人们为年长的澳洲人做正式保护。自2021年7月1日起，设立、变更或终止一份**书面** granny flat **安排**——为年长者或残障人士设立的终身居住权、非商业条款——不触发任何 CGT 事件。税务系统给保护 Helen 的那纸文书让了路。

Helen 家的实操形状：把安排写下来（出资、权利、卖房或身故时怎么办）——它如今在税上分文不花，在法律上把一切锁牢。她的出资和居住，作为家庭安排而非租金，不产生应税收入，也不给子女的家割任何裂缝。要守住的边界：豁免罩着的是家庭安排。向母亲收商业租金、或在家人使用的间隙把小屋翻上 Airbnb，你就回到了面孔一，分数一个不少。

州级层来了

短租已经长出了自己的税，年轻而且在繁殖：维州对短租订单的征费开了头；其他州和市政会跟进征费、注册制和入住上限，设置年年在动。

这一层落定之前有两个常量：平台数据流向监管方跟流向 ATO 一样顺畅；对你出租收入征的费，是挣这份收入的可抵扣成本。挂牌前一周查你所在州的现行规则，别等挂牌之后——附录 A 的 companion 页面跟踪这一层。

同样的砖头，相反的税务人生；租约说了算。

Roy 给你算笔账：商业小屋，两头标价

面孔一，算全。一家人建了一间自成一体的小屋——占全屋面积 22%——按每周 $380 商业出租，在二十二年的持有期里租了八年。

收入端： 每年 $19,800 的租金，对面是全屋持有成本的 22%（约 $7,500）、小屋的直接开支（约 $2,100）和它自己的折旧表（约 $3,400——专门建造的小屋值得一份自己的 QS 报告）。净应税：约**每年** $6,800——不过按现金算，折旧是纸面成本，小屋税前每年净落 $10,200：八年下来大约**税后留住** $63,000。

出口端： 裂缝——22% 面积分数 × 8/22 时间分数 = 重置后增值的 8%。在 $950,000 的增长上，就是 $76,000 应税，卖出时算它 $26,000 的税，在最后一笔订单的几十年后到账。

净判决：真赚——约 $63,000 留住对 $26,000 终将交出——但大约只有订单流水让它看起来的**一半**，建造成本本身还没算。另一副面孔是另一种动物：Helen 的小屋，装在一份书面 granny flat 安排里、以搭伙代替租金，不产生应税收入、没有裂缝、没有出口账单——而且2021年起，保护她的那纸文书也不再有 CGT。同样的砖头，相反的税务人生；租约说了算。

一句话版本

你的家挣到的第一块钱触发市值重置、并在豁免上启动一道精确的裂缝——重置后增值的面积分数×时间分数——所以挂牌之前把两头都标好价，把真实的搭伙和书面 granny flat 安排（2021年起免 CGT）留在家庭这一侧，并让平台自己的数据比对替你保持诚实。

现在就做

1. **挂牌任何东西之前，先做完整道算术：** 出租收入、按比例的抵扣、和你打算卖出那年的裂缝。
2. **收入开始的当周把重置值证据化**——第15章的同一套动作。
3. **留一张量好比例的平面图和一份出租日历**——公式有朝一日要的就是这两个数。
4. **给父母安家？把 granny flat 安排写成书面**——2021年起免 CGT，而且保护每一个人。
5. **第一笔订单之前查你所在州的短租征费和注册规则**——这一层又新又在动。

第 17 章

土地税与州级税层

本章回答的问题：谁的手里？——再问一次，因为土地税是对业主评税、不是对房产评税，你在第7章选的架构，每年十二月被重新打一次分。

没有合同、没有买卖、没有任何决定——只有一封州税务局寄来的信封，里面是一个不在任何人持有预算里的数字。土地税是唯一一种完全不请自来、年年上门的房产税，而被它咬伤的客户几乎从来不是做错了什么的人。是从来没画过那张地图的人。

不需要交易的税

这本书里其他每一种税都在等你做点什么——收租、卖出、买入、身故。土地税只需要你拥有。没有交易、没有触发、没有选择：每年，在一个固定的计税日，州政府给"谁按什么土地价值拥有什么地"拍一张照，评税单随后寄出。

它也是全书唯一一章有八位作者。联邦的规则是一套系统；土地税是八套州级系统拼成的百衲被，门槛、税率、附加税、日期各不相同——这正是多套房投资者在这里安静失血的原因。没有人在逃避规则；他们只是从来没见过适用于自己的那个版本。

> **这条规则从哪来。** 土地税是这个国家最古老的房产税——联邦自己从1910年征到1952年，最初就是为了拆散大牧场庄园。堪培拉退场后，各州接管、各行其是、再没离开。经济学家从此一直爱它（土地跑不去海外，对它征税几乎不扭曲任何东西——亨利税制评估想要更多——第1章）；政客厌恶它的理由跟你看到信封会一缩是同一个：它可见、年年来、没有交易可以把它藏进去。这股张力——经济学家在推、业主在顶——就是设置几乎年年在动的原因，也是这一章教结构而不教今年数字的原因。

机器怎么转

四个活动部件在每个州决定你的账单；旋钮各州不同。（本书算例用新州和维州的设置作演示——每个州都不同且年年在动，现行数字以你所在州税务局和 companion 页面为准。）

你的家一分不交。 自住房在每个州都豁免——问题5的边界再画一次，也是"家是你此生最受税务优待的资产"的又一条理由。

其余一切合并计税——按业主、按州。 你的账单不是按套算的：州政府把你在它境内拥有的全部土地的未改良价值加总，对超过门槛的总额按累进税率征。由此得出本章的两个结构性事实：你在一个州里的第三套房被征得比第一套狠，而同一个组合摊到不同业主或不同州名下，可以只交集中持有的零头。

Roy **给你算笔账。** Kevin 的三套公寓全在新州，土地价值 $620,000 + $580,000 + $540,000 = $174万，一个名字。超过一般免税额的部分按土地税边际税率征——算它大约**每年 $11,000，年年如此，永远如此**。同样三笔土地价值拆到夫妻两人名下、或拆到两个州，大部分会落在两个免税额之下。没有人选择了 Kevin 的结局；它是一套一套买出来、积出来的，因为第7章的问题被问出口时，土地税从来不在屋里。（它是那一章决策的第三本账——常常也是"摊开持有"最响亮的非 CGT 理由。）

公寓安静，独立屋响亮。 这个税跑在土地价值上，一套公寓只摊到整个地块的一小片。David 那套 $650,000 的墨尔本公寓也许只含 $180,000 的土地价值；同样 $650,000 的独立屋可能含 $450,000。公寓为主的组合能从门槛下滑过去，独立屋为主的组合正面撞上——一个几乎从没被计入选筹的反直觉输入。

那个数字可以挑战。 评税单上的未改良价值是政府批量生产的估计值，而每个州都开着异议窗口。可比成交加一套说得通的论证——第3章的证据功夫，第三次登场——能敲掉真金白银，而且逐年复利。大多数业主从来没学过：那个数字是可以谈的。

八州对比表

同一种税，八台不同的机器。下面这张表是每个跨州业主都会要的那份对比——2025-26 **设置，仅供参考**：门槛和税率年年在动（州库长野心大的年份年中也动），所以把它当地图用，现行数字以你所在州税务局或 companion 页面为准。每个辖区都豁免你自住的家。

州	免税门槛（个人）	门槛以上（指示性）	外国人/不在地附加	值得知道
新州 NSW	$1,075,000——已冻结，不再指数化	$100 + 1.6%；约 $660万 高档线以上约 2%	+5% 附加土地税	冻结每年悄悄把更多业主拉过线：地价在涨，门槛不动
维州 VIC	$50,000（信托 $25,000）	累进至 $300万 以上 2.65%，另叠临时新冠债务附加费	+4% 不在地业主附加	全国最低门槛；信托单独税表；全州空置住宅土地税

州	免税门槛（个人）	门槛以上（指示性）	外国人/不在地附加	值得知道
昆州 QLD	个人 $600,000；公司、信托与不在地 $350,000	$500 + 累进；顶格约 2.25%	+2%（外国公司与信托）	你的持有类型决定你的门槛——在这里，第7章的架构选择同时是一个土地税决定
南澳 SA	约 $730,000，每年指数化	累进至顶格 2.4%	年度土地税无附加（以印花税附加代替）	2020年合并计税改革封掉了老式多实体拆分的玩法
西澳 WA	$300,000	累进至 2.67%；都会区另加约 0.14% MRIT	年度土地税无附加	7% 外国人附加咬在买入时（印花税），不逐年咬
塔州 TAS	$125,000	$50 + 0.45%，$500,000 以上 1.5%	+2% 外国投资者（住宅）	数字小、门槛也小——不大的组合很快就跨进税网
首都领地 ACT	出租住宅无门槛	固定费 + 未改良价值的 0.54–1.14%	未改良价值的 +0.75%	结构性不同：因为房子被出租而征，不因为价值过了线
北领地 NT	—	**无土地税**	—	全澳唯一没有这个税的辖区

用这一章读一切的方式读这张表：先结构、后数字。昆州给你的实体选择定价；首都领地给"出租这个事实"定价；维州从第二块钱起什么都定价；北领地什么都不定价——这就是为什么同样的组合放在不同的州，在任何一个投资决定出现分歧之前，年账单就能差出几千块。

附加税层——和契约里的那处修法

自2010年代中期起（第10章的历史），普通土地税之上叠着**外国业主附加土地税**——在几个大州按整数百分点、逐年加征。David 每年为他的公寓交这笔，直到身份改变；永居到手那一年，附加税处境随之改变，机制各州不同——而没有一个州会寄给你一张你没开口要的退款。把身份复查记进日历。

接下来是这个坑专为林家这样的家庭定制的版本：

> **坑——视同外国信托。** 在关键州，只要**任何一位潜在受益人是外国人**，全权信托就被视同外国信托——而标准契约的受益人范围写得像海一样宽：配偶、子女、亲属的亲属。上海的一位表亲，一分钱没拿过，林家在悉尼的双拼就年年戴上外国附加税。修法是机械性的：在计税日之前签署一份**不可撤销的契约修订，排除外国人受益人**。林家的这份修订一次几百块，年年省下附加税——但不可撤销就是字面意思：如果一位真正想照顾的受益人有朝一日可能成为海外税务居民（孩子定居国外，第26章），这条排除就把他们关在了门外。签掉这份灵活性之前，先核对这个家庭真实的未来。截止线是计税日，不是报税日。

空置层。 空置如今被多个方向征税——州级空置住宅土地税（维州领头、税率递增、地图扩张）、联邦对外国业主的空置费（第10章）、后面还跟着市政方案。政策信号毫不含蓄，算术也同意：租出去、住进去，或者为两样都不做的特权做预算。

交作业就有钱拿的家务事

产生收入的房产上的土地税**可以抵扣**（第11章的每年地图）——含附加税；空地什么也抵不了，因为它什么也不挣。**登记义务在你**：多数州里，悄悄跨过门槛，州政府的产权比对迟早找到你，还带着往年补征和罚款——跨线那年登记，别等来信那年。**计税日主宰日历**：在州计税日的午夜拥有那块地，全年的税就是你的——交割日在它前后两周之间移动，挪的是一整年的税，这就是十二月和六月前后的合同日期值得多看一眼的原因，也是交割调整项存在的意义：拆分日历拆不动的东西。

估价师能动价值，永远动不了税率——异议靠可比成交，不靠义愤。

Roy 给你算笔账（二）：那封异议信

可以谈的数字，谈一次给你看。Kevin 中间那套公寓的评税单来了，土地价值 $720,000——一年涨 14%，而在这条街上他能报出三笔不同意的可比成交。他在窗口期内提交异议：三笔可比、一段关于地块地役权的简短论证、一页纸。

估价总署让步到 $640,000。直接效果：合并总额减 $80,000，按他的土地税边际税率约值**每年** $1,280。复利效果才是没人定价的部分：未来的年度估值以修正后的基数为起点指数化，修正会自我重复——十年下来值 $14,000 **以上**，来自一封花了一个晚上的信。

成功的异议有两条实操心得。它们建在可比与地块特征上——成交证据、地役权、洪水覆盖、异形地块——不建在对税本身的义愤上；估价师能动价值，永远动不了税率。而且它们**每一个看着不对的周期都提交**，因为批量估值两个方向都会错，却只朝有人开口论证的方向修正。第3章的证据功夫，第四次登场：在这本书里，把可比成交留在档案里的业主，会在估值线、转换日、异议窗口和卖出时四次拿到报酬。同一个文件夹，四次发薪。

一句话版本

土地税是每年自动到达、无需交易的州级税层——按业主、按州对合并土地价值超过移动门槛的部分评税，豁免自住的家，对外国业主和忘了排除他们的信托加征附加——所以睁着眼在业主和州之间做结构、对懒惰的估值提异议、赶在计税日前修契约，并且永远别让一套空房为零收入交三种税。

现在就做

1. **画一页土地税地图：** 每套房、它的土地价值、业主、所在州，对照今年的门槛——大多数投资者从没画过的那张合并计税全景。
2. **在下一次购买之前，把土地税作为第三本账加进每一个第7章决策。**
3. **信托里有房产？这个月把契约调出来**——如果外国人未被排除、且未来没有受益人需要是外国人，赶在计税日前签署修订。
4. **下个周期至少对一份估值单带可比提一次异议**——数字可谈，省下的钱复利。
5. **把你各州的计税日和任何身份变化记进日历**（居民身份、自住状态）——这个税赢在日历上，不赢在申报表上。

第 四 部 分

卖出

第18章 —— 新规则下怎么算增值

第19章 —— 自住房豁免：用足，别用漏

第20章 —— 卖出的时机：税务篇

第21章 —— 非税务居民卖房与 FRCGW：预扣这台机器

第22章 —— 投资者还是开发者：那条最贵的线

第 18 章

新规则下怎么算增值

本章回答的问题：真实还是名义？——落到操作层面。这是全书其他章节一直在为之存证据的那一页。

增值不等于"卖价减买价"

资本利得从来不是"卖价减买价"。而在新规则下，天真数字与正确数字之间的差距比以往任何时候都宽——因为正确的那个，由五层有凭证的成本堆成、在2027年分界线上切段、按通胀指数化、再逐腿征税。这本书从第10章起让你留的每一张收据，都是为这一页存在的。

我们按你会计师的顺序把计算搭起来：先时钟、再成本基数、然后分段、最后是税。然后 Kevin 的那套公寓从头到尾跑一遍，结果会让恐慌抛售的人吃一惊。

时钟：合同日主宰一切

CGT 的时间戳是**合同交换日**——不是交割日、不是钥匙日。三个后果：

十二个月线从合同到合同。持有不满一年，两个世界都不理你：第一段没有折扣、第二段没有指数化（第3章的坑，正式版）。

财年归属看合同。6月28日签的合同属于本财年，哪怕9月才交割——这可能意味着对一笔你还没收到的钱评税。**把现金规划进去**：跨年的合同-交割安排是第20章的头号杠杆，两个方向都能拉。

分界线归属也看合同。2027年6月30日签约、8月交割的卖出，整体活在旧世界。

成本基数的五大要素

E1——**购入价**本身。E2——**附带成本**，两头都算：买入时的印花税、律师费、买家中介、查验，加上卖出时的中介佣金、广告、卖方律师费。卖出成本能被记起，是因为卖家在售房战役的兵荒马乱里还留住了发票——也就是说，不是所有卖家。E3——**持有期成本，从未抵扣过的那些**：一套房产不产生收入期间的利息、市政费、保险、维修——空置年、度假屋岁月、自住办公时代。对度假屋业主，这一要素动辄值几万块、又动辄从没人申报，因为没有人为一套没有租赁申报表的房子留过十年的市政费通知。留着它们。E4——**资本性改良**：第13章分进资本桶的每一笔，按凭证入列。这里也是回吐诚实报到的地方：Division 43 的折旧会调低成本基数，所以增值按你一路抵扣过的金额长回来。时点收益和税率套利是你的；本金要还。把它列进预算，别在结算时才见面。E5——**产权保卫**：为确立或捍卫所有权发生的法律费用。

> **坑：** 每一个要素都只按凭证存在。ATO 的立场简单粗暴：证不了，就不在成本基数里。第10章的交割文件包 + 第13章的分项发票 + 一个装非收入年份账单的文件夹——这三样东西在这一页兑现。

分段与逐要素指数化

2027年前取得、之后卖出的房产，先做第3章的分段：线值（估值或公式）封顶第一段，第一段按旧规则享折扣；第二段从线值起步。然后是新系统的安静礼物：第二段里，成本基数**逐要素、从各自发生之日起**指数化——2027年的线值从线起指数化，2030年的新中介费从2030年起指数化。每一块有日期、有凭证的钱，都在你持有的每一年里变得更值钱（第10章的"复利"承诺，正式兑现）。

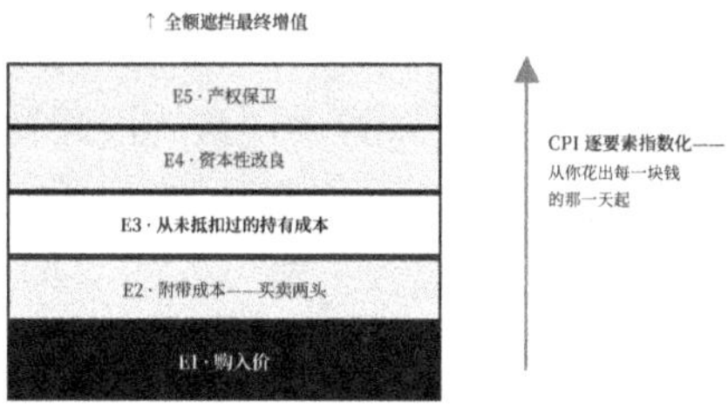

成本基数的五大要素——被遗忘的 E3，是白捡的钱。

第三要素是澳洲 CGT 里最常被白送掉的钱。

Roy 给你算笔账：Kevin 的公寓，从头到尾

第3章用裸购入价预演过这次卖出的简化版；现在附带成本和改良各就各位。合同2029年6月，$1,150,000。成本基数：E1 $650,000 + E2 买入端 $31,200 + E3（两次租客之间的空置期）$4,100 + E4 改良 $27,500 & Div 43 回吐 $9,800 + E2 卖出端 $24,600 = $727,600。线值（正式估值，第3章）：$1,080,000。

	金额
第一段（取得q 线）：$1,080,000 & $727,600，享50%折扣	应税 $176,200
第二段（线q 卖出）：$1,150,000 & 线值指数化两年（×1.051）	应税 $15,300
应税合计（新世界）	$191,500
对照：旧规则跑完全程（全程折扣）	应税 $211,200

按 Kevin 的 47%：新世界 $90,000，旧世界 $99,300。**这次卖出，税改一分钱没多收 Kevin 的**——还略省。为什么？第2章的两倍通胀法则，逐腿适用：他的线后增长约每年 4.6%，对 2.5% 的通胀——低于两倍——所以指数化对那一腿的遮挡好过折扣。线后走得慢的市场，恰恰是新系统温柔的地方；2026年为了"躲开"这道计算而甩卖的投资者，付给中介真金白银，去躲一笔对他们而言比旧税还小的税。

Roy 给你算笔账（二）：$44,000 的鞋盒

第三要素，单独表演。一家人的南海岸度假屋持有十九年，其中十一年从未出租——纯家庭使用。那十一年里：利息、市政费、保险、维修，合计 $44,000，一分没抵扣过（没有收入可抵）。

卖出时，这 $44,000 整体走进第三要素——在新规则下还从各自发生年份起向前指数化，膨胀到 $52,000 **以上**——直接从增值里挖掉。按地板税率，那一沓旧账单值 $15,600 **以上**的税。第三要素是成本基数里唯一不产生任何其他税务文件的部分——没有申报表、没有对账单、没有中介月结——这正是它成为澳洲 CGT 里最常被白送掉的钱的原因。记录存在的唯一前提，是业主在多年以前就决定：这些纸值一个文件夹。四万四千块的鞋盒，是这本书"无聊者赢"的最好论据。

今天就跑的排查：任何历史上有过非收入年份的房产——度假屋、空地、自住办公时代的公寓、拉长了的租客空档——把还能重建的重建起来（市政和保险公司都能补发），并且从此刻起把文件夹开着。

一句话版本

增值 = 资本对价 & 五大要素堆成的成本基数（购入价、双向附带成本、从未抵扣的持有成本、改良减回吐、产权保卫），在2027年线上切两段、第二段逐要素指数化——所以合同日主宰时钟，而凭证，一如既往，主宰一切。

现在就做

1. **每套房建一页"五要素"清单**，从今天起随发票更新——卖出年做这件事叫考古，现在做叫归档。
2. **排查第三要素：** 列出每套房的非收入年份，重建市政费、保险、利息、维修——councils和保险公司能补发。
3. **给 Div 43 回吐做预算**——折旧表年年在借你未来的增值，卖出时要还本金。
4. **合同日期贴着6月30日的，先跑现金流**——税可能先于卖房款到期。
5. **卖出战役里每一张发票进文件夹**——E2 的卖出端在兵荒马乱里丢得最多。

第 19 章

自住房豁免：用足，别用漏

本章回答的问题：自住还是投资？——在卖出那一刻，六位数的版本。

系统里最值钱的答案，是自己申报的

税改抬高了豁免的价值——一块豁免的钱如今躲开的是全额税率的指数化征税，不是半额——而豁免本身是**自我评定**的。没有申请表、没有批准函：你在申报表里直接不填那笔增值，然后由你的记录在有人来问的时候撑住这个决定。对一套你一直住着的房子的直白卖出，这个申报是隐形的。其余每一种情形——大块地、部分用途、自建、分割、海外派驻——都有规则，而规则的每一条边都值六位数。

第15章管跨越；这一章管**卖出那一刻**：豁免的四道门、那个几乎没人行使的选择权、和让一切站得住的申报档案。

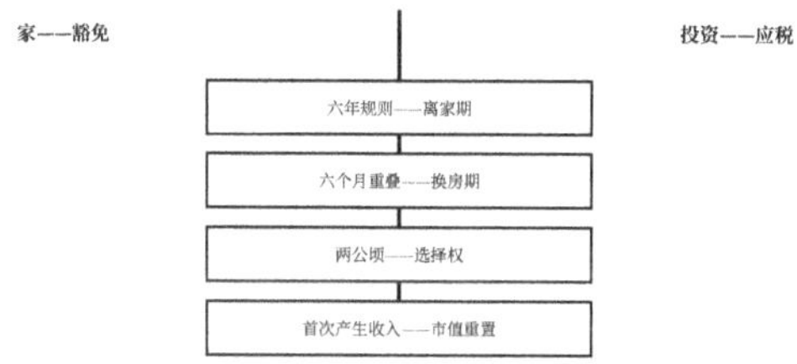

1985年画下的那条边界，和房产穿越它的四道门——每道都有自己的纸面功课。

两公顷：那个六位数的选择

豁免覆盖住宅本体加**最多两公顷**与之共同使用的毗连土地。超过两公顷的地——五英亩的生活方式地块、城市边缘的马场——豁免不会自动罩住全部。

几乎没人知道的部分：**哪两公顷，由你选。** 选择在卖出时做、由估值师把成交价在选中与未选土地之间分摊支撑。默认的懒惰算法——按面积平摊——几乎永远选错：临路的、有开发潜力的那两公顷，每公顷的价值可以是后坡林地的三倍。选贵的那两公顷，豁免片按价值而非按面积最大化。

Roy 给你算笔账。 一块悉尼西北缘 3.4 公顷的地，$3,150,000 卖出，成本基数 $1,020,000。按面积平摊：两公顷豁免片 ≈ 59% 的价值——应税增值约 $874,000。按估值师分摊、选中含路口与规划上行空间的两公顷：豁免片 78% 的价值——应税增值约 $469,000。同一块地、同一个价：选择本身在应税额上挪动 $405,000，按地板起步的税率算，值 $120,000 **以上**。机制：估值师对选中与未选土地做价格分摊——为第3章的线、第17章的异议服务过的同一位专业人士，在这里挣到第四笔费用。选好你的两公顷：一封委托函，六位数。

> **坑：** 两公顷测得很字面——是毗连并与住宅共同使用的土地。单独产权、隔着一条路、或商用（围场出租给邻居的马）的地，各有各的麻烦。分割后单卖裸地永远不豁免：豁免跟着住宅走，地单飞就把它丢了（第22章从这里接手）。

四道门的卖出版

第15章的四道门，在卖出那一刻各有一句判词。**六年规则**：出租离家期内卖出、且没申报别的家——全额豁免，租金收入无碍。**六个月重叠**：换房期两套并行豁免——条件精确，交换合同前核对顺序。**首次收入重置**：卖一套自住转出租的房，从重置值起算、只算重置后的日子。**分摊**：卖一套先租后住的房，分数说话（第15章的日历策略在这里兑现）。四道门共用一个档案要求：日期。搬入、搬出、第一笔租金、选民登记册、水电——豁免的官司从来不打法律，打的是日历。

自建与翻新：四年规则

买地自建、或大修到不能住，你可以把豁免**回溯到取得空地/旧房之日**，最长四年——条件：建成后尽快搬入、并住满至少三个月。四年从取得日起算，超时的部分不豁免。给排期真实的自建家庭，这条规则是几十万的追认；给"先囤地、再慢慢想"的家庭，四年是一根会到期的引线。把动工与入住排在引线之内，或者提前知道超出的那段按分数应税。

海外的阴影，正式版

第15章预告过；这里是它卖出时的全貌：**以非税务居民身份签合同，豁免一般整体消失**——不是离家那几年，是从第一天起的整段历史（狭窄的"人生事件"例外救急不救全）。一位在悉尼住了十五年、派驻新加坡第三年的业主，卖在派驻期内：十五年的免税增长，一纸合同全额入税、按非居民规则、无豁免。同一个人，回澳复籍后再卖：全额豁免回家。对 David 一家——正掂量回上海、手里握着墨尔本的家——合同日对居民身份的排序，是一个用日历和一张机票做出的六位数决定。走之前卖，或者回来再卖（第26章把排序做全）。

申报档案

自我评定 = 举证在你。每套沾过"家"字的房产，档案里应该躺着：搬入/搬出日期的证据（水电开通、选民登记、驾照地址、邮件转寄）· 首次收入日与重置估值（第15章）· 面积与平面图（部分用途的分数）· 两公顷情形的估值师分摊 · 离家期的六年台账 · 建造情形的取得日、动工日、入住日。豁免是大多数家庭手里最值钱的资产。它配得上一个和贷款文件夹一样厚的档案。

选好你的两公顷：一封委托函，六位数。

Roy 给你算笔账（二）：新加坡派驻，两种签法

把阴影算成钱。一对夫妻的悉尼家持有十六年，增值 $1,340,000。派驻新加坡第三年、以非税务居民身份签约卖出：豁免消失，整段增值按非居民规则应税——算它 $400,000 **以上**的税。同一对夫妻，等到归国复籍、住满一段真实的日子再卖：$0。两种结局之间的差别，是一本日历，别无其他。

这也是这一章对每一位跨境读者的收官纪律：豁免的每一道门、每一个选择、每一个分数，都假设你卖出时是澳洲税务居民。那一个身份变量，压过这一页上其余全部。

一句话版本

自住房豁免在卖出时自我评定——两公顷由你按价值挑选（一封委托函，六位数）、四道门各有判词、自建有四年引线——而这一切都以你签约时是澳洲税务居民为前提，所以档案要厚、日历要清、离境要先想。

现在就做

1. **每套沾过"家"的房产开一个豁免档案**：日期、水电、选民登记、平面图、估值——现在开，别在卖出年考古。
2. **地超过两公顷？卖出前委托估值师做分摊**——按价值选，不按面积摊。
3. **自建或大修：把四年引线写进项目排期**，入住三个月是硬条件。
4. **任何离家期：第15章的六年台账保持更新**——卖出年的选择靠它。
5. **家里有人可能外派或移居？第26章的排序先于任何挂牌决定。**

第 20 章

卖出的时机：税务篇

本章回答的问题：现在还是以后？——最后一次，在钱最多的地方。

你控制不了市场；你完全控制这个

每个卖家都想踩中市场，没有人能稳定做到。但一次卖出的税务时机完全在你手里——合同落进哪个财年、那一年里还发生了什么、增值到账时遇见什么。这些选择分文不花，动辄挪动五位数。

> **这条规则从哪来。** 旧世界的时机策略只有一招，但招招致命：把变现挪进低收入年份，看着增值顺着空税阶滑到 16%、19%、有时更低。合法、普遍，是一千个退休计划的安静发动机。30% 地板（第2章）就是冲它来的——**低收入年出场，死了。** 但哀悼之前读小字：地板设的是下限，不是统一税率。47% 与 30% 之间隔着十七个点，而一大笔增值的十七个点，仍是这一章里最大的单个数字。地板改了奖品，没改游戏。

七根杠杆

一——**合同日选财年。** 六月底那一周的决定仍是世上最便宜的税务筹划——记住它双向切：拍卖当天就是无条件合同；六月的拍卖就是六月的增值。二——**跨年安排管现金。** 合同定税年、交割定到账：6月签约9月交割 = 对没到手的钱先评税——看见了就可控；反向安排（7月合同、随即交割）买到接近一年的喘息再见评税单。三——**同年收割亏损。** 资本亏损先抵资本利得、再谈优惠处理（旧序），且怎么叠上分段两腿仍在细则中（附录 A）——所以卖出年正是了结哑弹的年份：2021年的矿业股、那次加密实验。两条警戒：亏损在优惠处理之前相遇；卖了马上买回是反避税规则的靶心。收割你真心不再想要的。**四——排空池子。** 被隔离的余额在增值面前兑现（第14章）——池子是时点资产，这一章是花它的地方。**五——优惠性供款，缩后的版本。** 卖出年顶格做优惠性养老金供款（含五年补缴额度）：顶格税率卖家每投一块净省 32 **个点**；地板税率卖家 15 个点——旧奖的一半、依然真实，而且钱落进全书最受保护的结构（第24章）。**六——捐赠，新入列。** 审议期修正案让可抵扣捐赠**能冲减 30% 地板下的增益**——地板税率卖家的捐赠从此有了完整的税务牙齿：本来要捐的，排进卖出年。**七——耐心红利。** 指数化让持有本身每季度长出一点新遮挡——大基数上一年几千块——2027年前不存在的一根小杠杆。

> 旧系统说满十二个月，时钟就不再要紧。新系统在耳边说：每个季度都算数。

Roy 给你算笔账：Kevin 的退休年份

Kevin 2028年初收缩工作。同一套公寓，卖在最后一个 $250,000 满薪年（增值按 47%），还是次年（收入 $60,000，增值踩地板 30%）？$250,000 应税增值上，**等八个月值约** $42,500。旧世界这个数字会是 $77,000——地板削掉近半，但四万二仍是四万二。

现在把杠杆叠上去，同一笔卖出、退休后那一年：

叠层	应税增值变化	税（起点：$250,000 @ 30% = $75,000）
收割 $18,000 旧亏损	&$18,000	&$5,400
池子余额 $22,000（第14章）	&$22,000	&$6,600
优惠性供款　$50,000（含补缴）	应税收入端抵扣	&$7,500（净口径）
本要捐的 $6,000 排进本年	&$6,000	&$1,800
合计		**税** ≈ $53,700 —— **对满薪年直卖的** $117,500

（示意口径——两腿与税阶由你的会计师精算；叠层的形状才是策略。）同一套房、同一个价：日历加四根杠杆，挪走 $63,800。

Roy 给你算笔账（二）：耐心红利，诚实称重

第七根杠杆值得单独称，因为它常被卖成比实际更大的东西。一套线后成本基数 $1,080,000 的房产：指数化每季度新遮约 $6,750 的增值——按地板算，**每季度约** $2,000 **的税**、每年 $8,000，只因为还没卖。

诚实地掂量：这不是白来的钱，是决定上的顺风。它永远追不上一个真正的市场判断，也翻不了大杠杆已经做出的决定——但在两个财年之间摇摆、或中介催着"春季行情不等人"的时候，它给"再等一个季度"标了价。旧系统说满十二个月，时钟就不再要紧；新系统在耳边说：每个季度都算数——卖家默认姿态的一次微小、永久的偏移。

> **坑：** 杠杆只选"何时"，永远不选"是否"。为省 17 个点等一年、结果跌进下行市场，或对着一个闻到六月死线味道的买家接了低球，都是优化了小数字。杠杆属于你本来就要做的卖出。
>
> **坑：** 挪现金的结构很少挪得动税——分期收款、先租后买、卖给自己的实体：在建议说可以之前，一律假设不可以。

一句话版本

低收入年出场死了，但时机没死：合同日选年、跨年安排管现金、亏损与池子在增值面前兑现、供款与捐赠各削一层、指数化给每个季度的等待发一小笔工资——七根杠杆合起来，在一次卖出上安静地挪动五位数。

现在就做

1. **任何挂牌前先开"卖出年会议"**：这一年我的收入是什么形状？亏损、池子、供款额度各剩多少？
2. **拍卖日期当合同日期排**——六月的槌声就是六月的税。
3. **列出可收割的哑弹**和五年补缴额度余额——两样都有保质期。
4. **地板税率卖家：把本来要捐的排进卖出年**——修正案给了捐赠完整的牙齿。
5. **中介催行情时，用每季度 $2,000 给"再等等"标价**——然后让资产、不是让日历，做最终决定。

第 21 章

非税务居民卖房与 FRCGW：预扣这台机器

本章回答的问题：谁的手里？——边境版。以及为什么这一章一半的读者，是从来没觉得它跟自己有关的澳洲居民。

电话是一个周二打来的：下下周五交割，买方过户师刚开口要一份这单交易里没人申请过的清税证明。我的客户不是外国人——三代澳洲人——但预扣这台机器不问身份，只管扣。我们赶在还剩两天的时候拿到了证明。这一章存在的意义，就是让你的那一周，无聊地度过。

2026年这套制度最古怪的事实

外国居民资本利得预扣（FRCGW）制度在今天最古怪的事实是：它最常吓到的卖家，是一位**从没听说过它的澳洲税务居民**。

机制一句话：**任何**澳洲房产的买家，交割时必须从**成交价**里预扣 15% 上缴 ATO——除非卖方交出一份 ATO **清税证明**。没有证明，没有例外，没有金额门槛。证明免费、线上申请、有效十二个月，卖方是澳洲税务居民就发。一位没接到通知的居民卖家，$900,000 的房子会看着 $135,000 在交割台上离开——最终评税时抵回、对他无息、几个月之后。规则的名字写着"外国"；它的射程写着"所有人"。

> **这条规则从哪来。** 2016年登场：10%，只碰 $200万 以上的房产——瞄准豪宅端的外国卖家。2017年：12.5%，门槛砍到 $750,000——射进普通市场。2025年1月1日：15%，**门槛取消**——每一笔住宅交易入网。九年三步，每一步同一个方向——先收上来、再对账——第10章和第17章描过的那个十年模式的又一块拼图：外国人税层窄着登场，然后一路加宽，直到碰到所有人。

居民的功课：一张免费的表

你的整套义务就一件事：**挂牌当周申请清税证明。** 免费、线上、几分钟、有效十二个月——多数几天内签发——除非 ATO 的记录跟产权登记对不上（婚后改名、信托受托人换过、公司名一字之差），那你就掉进一个通信循环，而交割日在逼近。这就是"挂牌当周"而不是"交换之后"的全部理由。证明交给你的过户师，机器对你就此关机。

外国卖家的功课：让预扣贴近真实

对真正的非税务居民卖家（David 有朝一日从上海卖墨尔本的公寓），预扣是真的——但**按成交价的** 15% 几乎总是高过真实税负，因为真实的税跑在增值上，不跑在价上。工具是**预扣变更申请**（variation）：向 ATO 提交增值计算，请求把预扣降到贴近真实税负的水平。

要命的是时钟：变更要数周处理——按一个月以上做计划——所以申请属于**挂牌那一周**，跟增值计算一起做，不是交换之后、交割日已经压顶的时候。预扣多了的部分评税时抵回；变更买到的是这段时间里你自己口袋的现金流。

趁早，就是全部策略。

Roy 给你算笔账：David 的变更申请

假设 David 以非税务居民身份、$780,000 卖出他 $650,000 买入的公寓。不动手：交割台上离开 $117,000（15% × 价）。他的真实税负——增值扣成本基数（含第10章进桶的附加印花税与 FIRB 费）、非居民税率、无折扣——约 $52,000。一份挂牌周提交的变更申请把预扣压到贴近这个数：$65,000 **的差额**留在他的交割款里，而不是在 ATO 躺到下一个评税季。变更不改变他最终欠多少——改变的是这几个月里，钱在谁的账上过夜。

Roy 给你算笔账（二）：那张免费表格的价格

回到开场那对夫妻——三代澳洲居民，$900,000 卖出，没人提过证明。如果那通周二的电话晚来十天：交割日 $135,000 上缴 ATO，评税时才回家——无息、隔着一个报税季，而他们的换房链条上，下一套的首付正等着这笔钱。桥接贷款报价：六个月约 $5,800，外加违约交割的风险敞口。

全部代价，只为一张几分钟填完、几天签发的免费表格。而这对夫妻的第二个发现更安静：假如他们急着要证明、又撞上上面的姓名不一致坑，"几天"变"几周"，而"几周"顶着一个固定交割日，就是一张免费表格变成一笔桥接贷款的过程。趁早，就是全部策略。

这一切换来的操作规则：**清税证明并入挂牌清单**——中介协议、合同准备、证明申请——同一周办完，一行清单项，十二个月有效期在手，买家还没出现就绪。

> **坑：** 预扣按**合同价**算，不按你的收益算——贷款还得再多、增值再小都一样。对高杠杆的非居民卖家，15% 的预扣可以吃穿全部净到手款；变更申请从"锦上添花"变成"交割能不能过"的问题。挂牌周做，不是交割周。
>
> **坑：** 联名卖出，**每一位**卖方各需自己的证明（或变更）。一对夫妻里居民一方有证明、海外一方没有：买家仍要按海外那一半预扣。一家人一张表的想法，卡过的交割比你想的多。

一句话版本

每一笔澳洲房产交割，买家都必须预扣成交价的 15% 上缴 ATO——除非卖方交出免费的清税证明（居民）或用变更申请把预扣压近真实税负（非居民）——所以证明与变更都属于挂牌那一周：趁早，就是全部策略。

现在就做

1. **把"申请清税证明"写进你的标准挂牌清单**——和签中介协议同一周。
2. **核对 ATO 记录与产权登记的姓名**在挂牌之前——改名、换受托人、公司名差一字，都是通信循环。
3. **非税务居民卖家：挂牌周同时启动增值计算与变更申请**——数周的处理期要提前吃掉。
4. **联名产权：每一位卖方各办各的**——证明不共享。
5. **买方视角同样记住这台机器**——没收到证明就不预扣的买家，替卖家的税负个人担责。

第 22 章

投资者还是开发者：那条最贵的线

本章回答的问题：资本还是经营？——比 *CGT* 本身还老的那个问题，如今每一次后院分割都在把它问醒。

隔着栅栏说出的最贵的一句话

"直接分割嘛——留一块，卖一块，把贷款清了。"这是澳洲后院栅栏两侧说出的最贵的一句话。没人在栅栏边解释的是：这句话一旦付诸行动，房产就搬出了这本书搭建的一切——指数化、分段、豁免、时点杠杆——搬进另一个税务宇宙：**经营**（revenue）。

在经营宇宙里，利润是普通所得：没有折扣、没有指数化、没有自住房豁免罩利润、按边际税率全额征——而且大门口站着 GST。跨过这条线不是错——有些读者应该跨，睁着眼跨，把配得上这一切的利润拿走。不小心跨过去、或者被追溯裁定跨过去，才是五年的"资本利得"连本带罚被重算成生意收入的方式。

> **这条规则从哪来。** 你一提分割，你的会计师就会念叨两个名字。Myer Emporium（高等法院）：一次性的交易，只要带着逐利目的、按商业方式执行，利润就是所得——不需要是一门"生意"。Whitfords Beach：一家持地公司换了股东、转向开发，法院说土地从那一刻起进入了逐利事业——同一块地，中途变性。你的会计师念叨这两个名字，是因为这两案之间，铺开了这一章要走的整条光谱。

光谱的三段

单纯变现（mere realisation）**——资本，安全。** 把手里的资产以最有利的方式变现——包括分割后分别出售——只要你做的是"让一件资本资产卖个好价"份内的事。这是本书其余部分居住的地带。

一次性逐利计划——利润按经营征。 超出"份内"：为转售而买、大兴土木、按开发商的方式借款和推进。利润是普通所得——无折扣、无指数化——哪怕你此生只做这一次。

开发生意。 重复、有组织、有规模：整套经营宇宙，外加交易性存货规则。

法院用来定位你的路标：**取得时的意图**（自住/出租，还是转手？）、**规模与复杂度**（划一条界，还是修路铺管建两栋？）、**融资方式**（净值释放，还是开发贷加预售？）、**你的卷入程度**（交给中介，还是自任项目经理？）、**重复性**。没有单一决定项；法院称的是整幅画面。

立项日（venture date）**是第二条估值线。** 一件长期持有的资产中途"变性"（Whitfords 式），只有变性之后的增长落进经营宇宙——此前的增值按资本结算到立项日。这让立项日和当日的估值成为又一个牛皮纸文件夹时刻：记录扎实，它保护此前的每一块钱；没有记录，ATO 版本的日期不会偏向你。

> 这个文件夹不是在优化一道计算题；它在决定你从头到尾属于哪套税制。

Roy 给你算笔账：后院的两条路

一对夫妻的自住房坐在一块可分割的大地块上。**路线 A——单纯变现：** 分割，把空的后院地块原样卖出 $520,000。分割成本 $60,000；这块地不再享自住房豁免（豁免跟着住宅走——第19章），但增值按**资本**处理：分摊成本基数、指数化、正常 CGT。税约 $95,000，落袋约 $365,000。

路线 B——建了再卖： 后院起一栋联排，$470,000 建造，$1,150,000 卖出。这是一次逐利计划：利润按**经营**征、无优惠，而且新住宅的出售是 GST 应税供应。差额计税（margin scheme）把 GST 压到约 $57,000；所得税吃掉利润的边际税率份额。全链算完：$900,000 **的毛利里落袋约** $395,000——税务系统的全口径拿走近 56%——对价是两年的建造风险、开发贷上的个人担保、和一个你控制不了的预售市场。

像放贷人那样读这张对比：路线 B 多落袋约 $30,000，承担的却是另一个量级的风险和两年的资金占用。有些地块的数字会让 B 大胜——那就睁着眼去做，按经营做全预算。多数后院，A 的"少而稳"才是聪明钱。

GST 的门口三件事

新住宅是应税供应——建成后首次出售收 GST，卖家（如今是一个"事业"）要注册、申报、上缴。**差额计税**能把税基压到增值差额——但必须在合同里书面选定，事后补不了。**五年规则**：新住宅连续出租满五年后再卖，不再是"新"——转为进项税式豁免。听着像出口，其实是变形记：建来卖的中途变成建来租，GST 故事在半路整个改写——计划一晃，就是建议费该花的时刻。

Roy 给你算笔账（二）：决定你属于哪套税制的文件夹

安全这一侧的证据档案，逐件列出。取得时的意图证据：当年的租赁广告、贷款申请上写的"投资"、给经纪的邮件。分割决定的成因：市政的规划变更通知、还清贷款的家庭决议、一份"卖地而非开发"的会议记录。执行方式：工程只做到规划许可要求的最低限度、销售交给中介、没有开发贷。以及——如果地块曾经出租或自住多年——**立项日估值**，把此前的增值锁在资本一侧。

这是第3、15、19章的同一套牛皮纸经济学——赌注却是全书最高的，因为在这里，这个文件夹不是在优化一道计算题；它在决定你从头到尾属于哪套税制。资本与经营之间在这块地上的税差，六位数起步；文件夹的成本，一个下午。

> **坑：** 这条线可以被**追溯**裁定。今天按 CGT 申报的分割卖出，三年后的审查里被重定性为逐利计划：差额补税、按经营重算、外加罚息——还搭上"当初为什么不问"的举证劣势。规模一旦超过"划线卖地"，私人裁定（private ruling）就从奢侈品变成保险单。
>
> **坑：** "帮朋友的忙"不改变性质。替邻居"顺手"多分一块、替亲戚项目挂名担保、用自己的 ABN 给家人的开发开发票——每一样都在往你的画面里添"经营"的笔触。法院称的是整幅画；别让别人的项目往你的画布上落色。

一句话版本

资本与经营之间的线由整幅画面决定——取得意图、规模、融资、卷入、重复——单纯变现留在 CGT 的温柔宇宙，逐利计划把利润按普通所得全额征收外加 GST 守门；所以要么按"份内"卖、把文件夹建厚，要么睁着眼当开发者、按 56% 的全口径做预算——最贵的是不小心。

现在就做

1. **任何分割念头落纸之前，先把两条路各算全**——含 GST、含风险、含两年资金占用。
2. **从第一天起建"意图档案"**——取得时的广告、贷款用途、往来邮件；这是你留在资本一侧的地契。
3. **资产可能"变性"？当月做立项日估值**——第二条线，同一位估值师。
4. **超过"划线卖地"的规模，申请私人裁定**——保险单，不是奢侈品。
5. **建来卖的计划一旦晃向建来租，停下来买建议**——GST 的故事正在半路改写。

第 五 部 分

传承

第23章 —— 信托，头顶一朵云

第24章 —— 房产装进养老金：顶楼

第25章 —— 身故、继承与自住房

第26章 —— 跨境业主：把开关放对位置

第 23 章

信托，头顶一朵云

本章回答的问题：谁的手里？——当"手"是一个家族信托、而天气预报说2028年有雨的时候。

研讨会跳过的那个数字

第5章给了规则：信托30%最低税是**提案**，不是法律——你为提案做准备，不为新闻稿重组。第7章给了判决：对新的杠杆住宅购入，信托的理由处在几十年来的最弱点。但那个判决说的是下一次购买。林家的问题是上一次——**要不要把已经在里面的房产拿出来**——而退出，是一道完全不同的算术。

这一章就是第5章许诺的那份准备。

三个问题，顶一千场研讨会

一——这个信托有没有一份真实的工作？ 资产保护（生意风险、职业风险）、跨代传承、装着一门生意？有真实工作的信托，为提案拆掉它等于为躲天气拆房子。没有的——一个纯粹为了把租金分流给低税率受益人而存在的壳——退出问题才真正激活。

二——按草案原样，它每年真会花你多少？ 摊开你真实的分配模式：大量分流给30%以下的受益人，是真实敞口；分配本来就落在30%及以上，"最低税"可能几乎碰不到你。诚实地乘一遍。大多数家庭会震惊于这个数字有多小。

三——退出今天要花多少，对多少年的敞口？ 每件资产挪出去 = CGT 事件 + 印花税，按今天的市值。把两个数字并排放在纸上。

Roy 给你算笔账。 林家的三问：① 信托确有工作——林先生的生意风险是当年设立的原因，如今依然真实。② 敞口 = 儿子那份 $10,000 × 14 个点 ≈ **每年** $1,400（第5章的表）。③ 退出 = 双拼的内含增值触发约 $150,000 的 CGT，加约 $70,000 的印花税：$220,000，**确定，今天**。写在纸上，林家的答案自己写完了：**准备，并等待**。 你家的可能不同——这正是框架存在的意义。

三问跑完，多数家庭落在林家的位置。窄门的早退情形——信托除了向低税率受益人分流什么也不做、内含增值薄、印花税便宜、年敞口高——存在，也配得上一个完整的模型，不配一场研讨会。

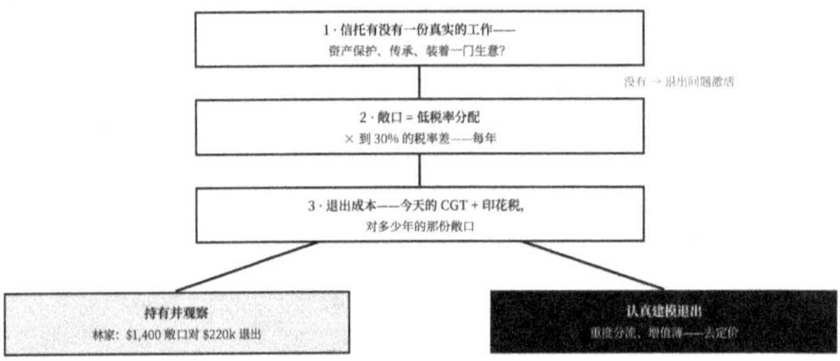

三个问题顶一千场研讨会——做决定的是框架，不是恐惧。

准备档案（今年真正要做的活）

逐资产明细表：每件资产、成本基数、内含增值、所处档位（第4章）、今天退出的 CGT+印花税——研讨会永远不会替你算、而三问全靠它的那一页纸。**分配决议归档**：过去三年，谁、多少、什么税率——问题二的原材料。**咨询进程入日历**：提案的每一步动静，附录 A 与 companion 页面跟踪——御准之前，只动纸，不动资产。**契约体检**：外国人受益人排除（第17章的附加税修法）顺路一起查。

> **坑——信托重设**（resettlement）。　对契约动大手术——换受益人班底、改根本架构——可以构成"重设"：旧信托视同终止，里面每一件资产视同处置。契约授权范围内的修订安全；整本重写危险。2028提案若成法律、三年过渡窗打开时，这条线会决定"重组"与"引爆"的区别——修契约的每一步都要有建议护航。
>
> **坑——归属日**（vesting date）。　老契约常设80年归属期，第一代信托的日子正在逼近。归属 = 信托终局：一切视同分配、CGT 全面触发——**按日历自动发生，不问你是否准备好**。这个月把契约翻出来看那个日期；部分州在归属前可申请延期，归属之后神仙难救。一个1980年代设立的信托，这一页比2028提案更紧急。

研讨会把同一个答案卖给所有人，因为恐惧能规模化，算术不能。

Roy 给你算笔账（二）：反面家庭

为了对称——框架必须能说"走"，否则它只是安慰剂。另一个家庭：信托里一套两年前才买的双拼，内含增值 $40,000（退出 CGT 约 $12,000 + 印花税 $38,000 = $50,000）；分配每年 $88,000，全部分流给四个在读大学的成年子女，平均税率差 20 个点——年敞口约 $17,600。三年敞口就追平退出成本，而信托没有任何资产保护工作在做。这个家庭的答案：**认真建模退出**——不是因为恐慌，因为算术。

把两个家庭放在同一页上的意义：研讨会把同一个答案卖给所有人，因为恐惧能规模化，算术不能。框架从三个问题和一个下午的分配决议里，产出你的答案。

一句话版本

对已经在信托里的房产，三个问题顶一千场研讨会——信托有没有真实工作、提案原样通过每年真花你多少、退出今天花多少对多少年敞口——林家算出"准备并等待"，反面家庭算出"建模退出"，而两家都没为一篇新闻稿动过一块砖。

现在就做

1. **今年建好逐资产明细表**——资产、成本基数、内含增值、档位、退出全成本。
2. **把三年分配决议调出来乘一遍**——你的真实年敞口，多数人会被它的小吓到。
3. **契约体检双项**：外国人受益人排除（计税日前）、归属日（这个月就看）。
4. **咨询进程入日历、companion 页面收藏**——御准前只动纸。
5. 三问指向"走"？**带着明细表去买一个完整模型**——不带着恐惧去买一场研讨会。

第 24 章

房产装进养老金：顶楼

本章回答的问题：谁的手里？——终极版。同一件资产、同一段增长，地址决定 47、30、10 还是 0。

大楼与楼层

把持有结构想成一栋楼。个人名下顶格：增值按 47% 见顶。地板层：30%。养老金积累期：长期持有增值的有效税率约 10%。退休金支付期：0。同一件资产、同样的增长、同样的十年——地址决定。

2026年法案没有给养老金添过一分钱的新优惠；它拆掉的是所有替代选项——每一道楼梯因此都变宽了。个人失去折扣、换来指数化加地板；信托头顶多了朵云；只有顶楼原地未动。这也是为什么这一章以约束而非欢呼收尾：顶楼有一扇锁着的门、一部限流的电梯，和一位有装修前科的房东。

> **这条规则从哪来。** 一个方向，四十年：优惠每一轮都活了下来——而它的天花板每一轮都在降。供款上限一路收紧、余额门槛登场、Division 296 落地。在这里也跑一遍1987测试：一套值得做的养老金策略，应该在优势持续磨损的前提下依然值得做——因为它会磨损。

锁着的门：唯一目的

基金存在的唯一目的，是支付退休给付。**没有个人使用、没有亲友价、没有在基金的公寓里过周末。** 终结 SMSF 的违规几乎从不新奇——是某位成员的孩子"临时"住进那套单元。这一条禁令，枪毙人们带进会议室的一半点子。

限流的电梯：供款上限

钱进顶楼要排队：优惠性供款年度上限（含最多五年的**补缴额度——**低供款年份的额度可结转）、非优惠性上限与**三年预提**（bring-forward）。上限逐年动、按余额分层——具体数字问顾问、查 companion 页面；结构性事实不变：**一笔大钱进不了顶楼，一条为期数年的供款跑道进得了。** 优惠是真的；排队走到优惠面前的路，才是计划。

楼里的规矩

借款的门——对住宅已经关闭。 2026方案办完了监管层自金融体系调查以来盘算十年的一件事：**自2026年8月10日起——御准后第45天，来自让整个方案在参议院过关的那笔交易——基金不得再新设借款安排购买住宅物业。** 此前已交换的合同受保护（交割在后也无妨）；存量住宅 LRBA 按原条款祖父保留、可以续贷；**商用物业**的借款仍然可用——法律唯一祝福的关联方物业交易也在这扇门里：SMSF 可以买下**你自己生意的经营场所**、按市场租金租回给你的公司（《四个杠杆》讲生意那一半）——老纪律照走：有限追索、单一资产、独立托管，借来的钱可修不可改良，关联方借款按公允、安全港条款运行，**文件写得像银行起草的一样**。对住宅投资者，后果很直白：**顶楼现在是全款楼层。** 基金买的是基金攒下的——这就是下面的供款跑道从"一条路"变成"唯一一条路"的原因。**成本门槛**：管理、审计、建议——每年几千、年年如此；余额不到几十万，结构成本会吃掉它本要捕获的优惠。**流动性纪律**：基金必须靠自己扛过空置和利率——没有工资退税补血、没有随手的追加。带着刚好一笔首付、别无余粮走到购买门口的基金，第一次空置就挂科。

Division 296 **的一点仁慈**：成为法律的版本对**已实现**收益征税——2023–25年吵得最凶的那个恐惧（对未卖出房产的纸面估值年年征税）没有活进法案。跨过 $300万 的重仓房产基金，规划对象是一笔真实但可控的税，不是一场流动性噩梦。

优惠是真的；排队走到优惠面前的路，才是计划。

Roy 给你算笔账：地址的价钱

Kevin 盘算过让基金全款买下一套 $680,000 的二手公寓——借款的门已关，基金买的是基金攒下的。快进到出口：$400,000 的应税增值，在基金外面按 47% 是 $188,000，退休后踩地板也要 $120,000（第20章）；在积累期的基金里，约 $40,000。一套房上，地址值六位数——前提是他在达到领取条件前永远不需要碰这件资产，而且基金的流动性能不靠工资补血扛过空置、土地税和保费。两个"前提"就是这一章的全部诚意。

> **坑——一条龙。** 这个套路有签名：SMSF 建议、房产、贷款、过户全部来自同一个热心的团队。这个版本的它，是一场穿着优惠外衣的收费收割。优惠真实存在的证据，恰恰是它值得你带着独立建议去拿。

诚实的判决： 十年以上的持有视野、有供款能力、不需要动这件资产、守得住规矩——养老金如今是这本书里最强的载体，而2026年税改把这个差距翻了倍。对其余所有人：约束不是通往答案路上的障碍；约束就是答案。

Roy 给你算笔账（二）：供款跑道

电梯的限流，规划而非哀叹。Kevin 夫妇想让基金在2029年前**全款**持有那套 $680,000 的公寓——含印花税与运转缓冲，交割时需要约 $760,000 的流动性。基金余额 $740,000，但其中 $600,000 躺在受托人不想整体清掉的存量组合里；跑道的任务是把差额用现金建出来：双方每年顶满优惠性供款、五年补缴额度优先花掉、关键年启动非优惠性三年预提——三年约 $390,000 的新供款到位后，配一次有计划的 $230,000 部分减持即可交割，缓冲仍在、闸门打开，没有任何一年撞上限。

外加两条让计划结实的设计注记：**买在基金承受力显著以下**——留出的差额就是空置与土地税的缓冲：没有银行，也就没有银行的垫子，你自己就是银行；带着刚好房价走到门口的基金过不了流动性纪律这一关；**公司受托人**从第一天起——成员变动、身故、借款文件，每一样都因此便宜十倍。跑道要几年；这正是重点——顶楼的门票从来不是一笔转账，是一份日历。

一句话版本

2026年税改一分优惠没给养老金、却拆光了替代品，让"地址"在同一笔增值上决定 47、30、10 或 0——但顶楼有唯一目的的锁、供款上限的限流电梯、对住宅关上的借款门和 Division 296 的新星号，所以它属于十年视野、有跑道、守规矩的投资者：优惠是真的，排队走到它面前的路才是计划。

现在就做

1. **对照 $300万 复查夫妻双方的养老金轨迹**（第5章的作业，带着房产计划再做一遍）。
2. **有意向？今天就画供款跑道——**补缴额度、三年预提、目标余额、目标年份。
3. **（商用物业）关联方借款一律按银行标准写文件——**安全港条款、真实付息、独立托管；住宅新贷已关闭。
4. **给基金做流动性压力测试：** 六个月空置加两次加息，不碰工资，扛得住吗?
5. **任何"一条龙"报价，拿去给独立顾问看一眼——**真优惠不怕第二意见。

第 25 章

身故、继承与自住房

本章回答的问题：现在还是以后？——最后的版本。以及2026年悄悄伸进遗嘱抽屉的那只手。

没有遗产税的国家——和它的小字

澳洲是发达国家里少数没有遗产税的，来历纯属第1章的材料：1977年昆州为吸引退休人群废除死亡税，其余各州和联邦一路竞逐跟进，1980年代初这个税种在全国绝迹。半个世纪过去，那场政治竞赛的结果依然成立。

但"没有遗产税"养出一句危险的简写——身故是免税的——而它不是。身故是税务系统用自己一整套精确规则处理的时刻：CGT 在这里递延、在那里触发、中间开着一扇黄金两年窗、养老金里藏着一个单独的税种，还有——2026年起——四十年澳洲遗嘱底下那条被改写的假设。Helen 今年正在更新她的遗嘱。这一章，就是她的顾问带全家走的那一遍。

身故是承继，不是出售

人身故时，CGT **不触发**——资产滚进遗产、再到受益人，历史随行：成本基数与2027线值，跟着钥匙走。有一个属性不随行：**负扣税档位**。祖父保留认业主不认资产——法案连联名共有的在世一方都视为重新取得对方份额——所以受益人（含在世共有人继承的那一半）拿到的二手出租房，是线后取得，在其手中入池（第4章）。税递延到受益人有朝一日卖出。这是系统里最温柔的一条规则——四周照例围着栅栏。

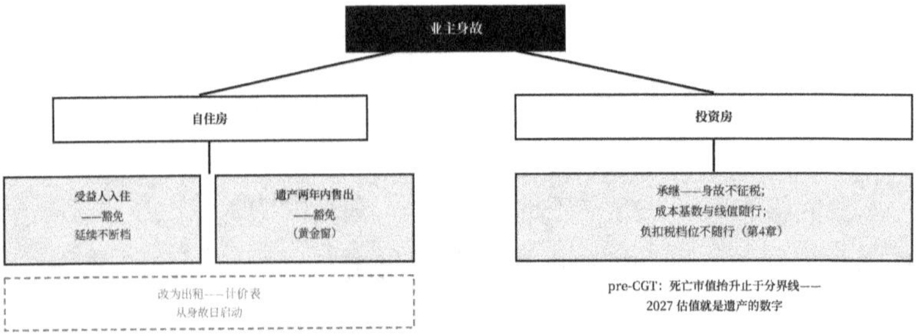

身故是承继，不是出售——CGT历史随钥匙走；负扣税档位不随。

自住房的三条出路

受益人搬进去住——豁免延续，不断档。**遗产在两年内售出——**全额豁免，连带身故后的增长。ATO 可为真实延误延长两年（遗嘱争议、市场卡壳），但延长是裁量，**裁量不是计划。改为出租——**计价表从身故日启动，此后按分数应税（第15章）。

Roy **给你算笔账。**一套身故日值 $1,850,000 的自住房。遗产在第 23 个月售出 $1,960,000：$0 **的税——**身故后 $110,000 的增长也在窗内豁免。同一套房拖到第 34 个月、同样价格：窗已关，身故后增长应税，算它 $30,000 **以上——**外加一段跟 ATO 讨论"延误是否真实"的通信。同一套房、同一个家庭；**日历就是税务计划。**在葬礼那个月就把两年到期日记进日历的执行人，为遗产做的贡献超过后面大多数动作。

K3：给上海的女儿，给悉尼的儿子

承继的大例外：资产直接传给**外国税务居民受益人**，触发 CGT event K3——对非"应税澳洲财产"的资产（股票、基金份额），视同在身故时按市值处置，税单落在遗产头上。房产本身是应税澳洲财产、留在澳洲税网内，谁继承都不在身故时触发（受益人此后作为非居民持有，连着第17、19、21章的附加税、无豁免与预扣一起继承）。

后果藏在遗嘱的分配方式里：一份"股票给上海的女儿、房子给悉尼的儿子"的遗嘱，等于悄悄选定了**哪个孩子的继承份额来付这张税单**。修法是结构性的——谁拿哪一类资产、遗嘱信托、时点——而且只在一份由知道 K3 存在的人起草的遗嘱里才修得动。

养老金里藏着的那个税

养老金**不自动跟着遗嘱走**——它按基金的受益人指定分配。而给付里的**应税成分**流向非受养人（多数情况下的成年子女）时，要缴约 17%（含levy）的税——这个国家最接近遗产税的东西，就藏在最不被翻看的文件里。核对指定（有约束力的、没过期的）、看清成分构成；晚年的成分重组策略是建议领域——一场不舒服、但恰好值回它全部不舒服的谈话。

2026年伸进遗嘱抽屉的那只手

四十年的遗产计划起草在"pre-CGT 等于永远"上。答案如今已经确认：自2027年7月1日起，pre-CGT 资产**不再享有业主身故日的市值成本基数**——身故承继本身原样存续，但遗产计划赖以建立的那次"抬升"，止步于分界线。**分界线随资产同行**，进遗产、到受益人；这让规划动作恰好是 Helen 已经做完的那一个：正式的2027年7月1日估值，与遗嘱同档存放，两种未来里执行人都握着那个数字。每一份持有 pre-CGT 资产的遗嘱，都配得上一次税改后的复核——不是恐慌，是复核。

遗嘱复核清单（2026版）

逐资产内含增值明细（第23章为信托建的那张表，遗嘱同样需要）· 两年窗到期的日历指令写给执行人 · 外国受益人的 K3 体检 · 养老金指定与成分核对 · 遗嘱信托的考虑（2028**提案已预告豁免遗嘱信托**——又一个它值得进对话的理由）· pre-CGT 资产的线值估值归档。

纸面上平等，银行里差 $86,000。

Roy 给你算笔账（二）：纸面上的平等

澳洲遗嘱里最常见的一种安静的不公平。两个孩子，平分：儿子继承 $1,400,000 的投资房，女儿继承 $1,400,000 的现金。遗嘱签了，皆大欢喜。

房子随行着 $780,000 的内含增值和它的档位；儿子有朝一日卖出，税约 $86,000。现金没有税务影子。**纸面上平等；银行里差** $86,000——而且还在扩大，因为内含增值继续复利，现金不会。修法是起草，不是戏剧：把现金一侧加权、平衡税后价值（内含税估计随遗嘱复核同步更新，因为数字会动）；或者写一条"遗产承担 CGT"条款（若房产由执行人售出）；或者一个知情的决定——儿子的长期持有配得上这份倾斜——选出来的，不是绊出来的。

让它成立的那一个输入，几乎没有任何遗嘱档案里有：**每件资产当前的内含增值估计**——第23章为信托、第3章为分界线建的同一张表。遗产计划的公平程度，只等于它起草时所依据的税务数字。

一句话版本

身故是承继不是出售——CGT历史随钥匙同行、负担税档位不随——自住房有两年黄金窗、K3 在外国受益人处等着、养老金里藏着 17%，而2026年终结了 pre-CGT 的死亡抬升；所以遗嘱要带着逐资产税务数字起草、执行人要在葬礼那个月记下两年到期日、平等要按税后算。

现在就做

1. **给遗嘱档案配一张逐资产内含增值表**——遗产计划的公平只等于它的数字。
2. **写给执行人的指令里加一条：** 自住房两年窗，葬礼当月入日历。
3. **家里有海外定居的孩子？做 K3 体检**——谁拿哪类资产是税务决定。
4. **核对养老金受益人指定与应税成分**——最像遗产税的税藏在这。
5. Pre-CGT **业主：2027线值估值与遗嘱同档存放**——Helen 已经做了；轮到你。

第 26 章

跨境业主：把开关放对位置

本章回答的问题：全部五个——因为税务居民身份一变，每个问题的答案跟着全变。

那只开关

这本书的每一页都默认了一件事：你是澳洲税务居民。这一章拨动那只开关——而这本收官的章节，就是整本书握着开关重跑一遍。这里几乎没有新的税；是你已经认识的规则，在居民身份改变时改变了它们的答案——有的灾难性地变（第19章的豁免整体消失），有的朝你有利的方向变（下文的落地抬升）。跨境业主的本事不是懂另一套规则，是**排序**——在开关处于正确档位时，做对应的那件事。

两条规划真相随之而来：事实是你可以安排的——你用真实的、诚实记录的决定去建立或拆除税务居民身份；而**变更之日就是那件乐器**。每一个合同日、分配日、落地日上的居民身份，决定那一笔的税。

先办家的事——先于一切

第19章的规则，用全档案里最大的数字重述一遍：**在居民身份内卖掉自住房，或在卖它之前真实地恢复居民身份。** 一份十五年的豁免，会在一纸非居民身份签下的合同上整体蒸发。下面每一行，都比这一行小。

离境清单

房产留在网内。 澳洲不动产是"应税澳洲财产"（TAP）——无论你搬去哪、成为哪国居民，它永远在澳洲税网里。离境不触发它的任何税；改变的是身份规则（无豁免、非居民税率、以及第21章那台买家侧的预扣机器）。**非 TAP 资产站在岔路口。** 股票、基金份额：离境触发 CGT event I1——视同按市值处置，或选择递延、把资产留在澳洲网内到实际卖出。视同处置锁定今天的规则和今天的价；递延押未来的规则和未来的价——逐户建模，没有默认答案。**信托与分配**：离境前后的分配日身份决定税；家族信托里的外国受益人排除（第17章）此刻反着咬——排除掉的正是即将成为的你自己。契约、时点、身份，三样一起摆上离境前的那张会议桌。

落地清单：David 的抬升

方向反过来，系统反而慷慨。**成为澳洲税务居民之日，你的非 TAP 资产视同按当日市值取得**——上海的股票组合、香港的基金，成本基数整体抬到落地日市值，此前的增长永久离网。抬升慷慨而且自动；坑全在它四周。

> **坑——外国信托的影子（s99B）。** 移民前家里在境外设的信托，攒着多年的收益与增值。落地成为居民之后，从那只信托拿到的分配，可能按 s99B 被以近乎惩罚性的方式征税——本金之外的历史积累，连本带息追。这不是边缘条款；它是移民家庭最大的一笔可避免的税。信托的谈话发生在动身之前，否则它会以昂贵的方式发生。

移民前的资金挪动要留全凭证——赠与、卖出、结算，每一步的文件；CRS 让转账透明，**档案是让透明变得无聊的东西。身份变更年的附加税复查**入日历（第10、17章）——没有州会寄给你没开口要的退款。

五条原则

1. **身份是事实问题，事实归你安排**——真实地、有据地。
2. **变更之日是乐器**——合同、分配、落地，逐日核对身份。
3. **家的事排最前**——豁免的生死只看签约那天你是谁。
4. **信托的谈话在动身之前**——两个方向都是。
5. **两边的税务局都看得见一切**——按这个前提规划，因为通常，它们真看得见。

"等我们安顿下来再说"是这场移民里最贵的一句话。

Roy 给你算笔账：排好序的一次迁徙

David 一家反向推演：如果有一天回上海。排序版：出发前以居民身份卖出墨尔本的自住公寓（豁免全额）；投资单元留下、接受非居民持有的附加层，或同样在离境前的低收入年出手（第20章的杠杆最后用一次）；股票组合在 I1 岔路口逐户建模；家族信托的分配在离境前的居民年份做完。乱序版：同样的资产、同样的价格，多付的税六位数起步——全部来自同一批交易落在了开关的错误档位上。

Roy 给你算笔账（二）：外国信托的影子，标好价

"最大的可避免税"这个说法配得上它的数字。一个家庭在香港的信托攒着十五年的收益；孩子2025年移民澳洲，成为居民后信托分配 $400,000 供其购房。s99B 的读法：分配中超出本金的历史积累部分按其边际税率征、外加追溯利息成分——账单 $376,000 上下，还没算跨十五年香港对账单做资金追踪的专业费。

移民前的版本：同样的 $400,000，在孩子落地之前完成分配（或信托在移民前重组、本金与积累分层清晰）——澳洲税：**接近零**。同一笔钱、同一个家庭、同一个目的；差别只是日历上的先后。这就是为什么移民前的谈话发生在签证激活之前、而不是集装箱靠岸之后——也是为什么"等我们安顿下来再说"，是这场移民里最贵的一句话。

一句话版本

居民身份是一只改写全书答案的开关，而跨境的本事是排序：家在居民身份内卖、非 TAP 资产在 I1 岔路口逐户选、落地抬升白拿但外国信托的影子在动身前拆、每个合同日和分配日逐日核对身份——因为两边的税务局都看得见，而日历比任何结构都便宜。

现在就做

1. **家里有任何迁徙的可能？先给自住房排序**——卖在居民身份内，或回来再卖。
2. **列出非 TAP 资产清单，逐户预演 I1 岔路口**——视同处置对递延，没有默认答案。
3. **境外有家族信托？签证激活前完成那场谈话**——分配、分层、重组，全在动身之前。
4. **移民资金的每一步留全凭证**——CRS 之下，档案让透明变无聊。
5. **身份变更那一年：附加税复查、指定复核、豁免档案**——三样一起入日历。

一页纸上的实战手册

二十六章之前，你因为规则变了而拿起这本书。现在你带走的比新规则更好：解释它们的四十年故事、它们全部在回答的五个问题、和一套覆盖持有全周期的打法。整本书在这里，在一页纸上——拍下来、贴进房产文件夹、递给那位不会读完全书的家人的那个版本。

地图

游戏规则。 2027年7月1日起，只征真实增值——但全额征、按你的税率、30%托底。线前累积的一切躲在线后受保护，无论何时卖出。被隔离的亏损等待住宅收入；它们不会死。只有 pre-CGT 业主面对硬截止日：2027年估值。而对每一条新闻标题，只问一个状态问题——御准了，还是噪音？

买入。 低收入方是二手房的新默认名字；联名对半对冲雾蒙蒙的未来。新房倾斜只在两套你本来就会买的资产之间破平局——它永远不做选择。每笔贷款按用途拆分、闲钱停进 offset、永不 redraw、私人债务先死。每张发票从交割日起进它的桶。

持有。 对着中介年度对账单核对；让每个师傅分项开票；把维修、改良、设备分开。把入池亏损做小——offset 优先、租金推高——把登记册当资产管。每一次边界跨越，当周证据化。修好信托契约；对土地估值提异议；把计税日记进日历。

卖出。 挂牌之前先算——两条腿、五大要素。合同日就是税务日。清税证明在挂牌周；变更申请（如果需要）也在挂牌周。把杠杆——年份、亏损、池子、供款额度——叠进同一个选定的年份。豁免跟着居民身份走：走之前卖，或者回来再卖。 而每一份开发可行性，要么按税后算，要么别算。

传承。 为信托做准备；不抢跑。养老金是最后一项还站着的优惠——连着约束、优势在磨损、依然六位数宽。复核每一份2026年前的遗嘱；任何遗产的第一个月就把两年窗记进日历。而在每一道边境上，排序：日历就是策略。

五个问题，最后一遍。 资本还是经营。谁的手里。真实还是名义。现在还是以后。自住还是投资。这本书里的每条规则都在回答其中一个；你此生会读到的每次改革，都是一个答案在换。下一条标题落下时——它一定会来——把它归进它的问题、查一查过去是否受保护（几乎总是受的），三十秒之内你就会明白那些恐慌的人花钱去研讨会误解的东西。

和你的顾问一起工作

这本书从来不是为了取代你的会计师。它是为了改变那间屋子里发生的事。

书里的数字是示意的；你的数字是真实的，而且坐在八套州级系统、一套细则仍在落定的过渡制度、和一个任何书都没见过的家庭情境里。你现在带进那间屋子的，是进行正确对话的能力——以及辨认自己有没有得到一场正确对话的能力。2026年之后检验一位好的房产顾问，标准很简单：这本书教你期待的那些东西，他们会不会不用你提就先问？你的档位和合同日期。估值窗口和证据档案。亏损登记册。下一份合同上的名字。契约的归属日。任何跨境动作的排序。如果这些问题比你的先到，你在好人手里。如果你发现是你在介绍它们——你现在懂的，已经够你去找更好的了。

还有，带上文件夹。这本书里的一切，归根到底，都落在当时留下的纸上：交割文件包、分项发票、日期落在正确那个冬天的评估、每年七月更新的登记册。这十年最便宜的税务筹划从来不是聪明。是有条理。

钟摆，最后一次

2030年代的某个时刻——一场租金恐慌之后、一轮暴涨之后、或一次大选之后——这本书里的设置会再动一次。那不是计划的缺陷；那就是计划。1985、1987、1999、2017、2019、2026——你已经从内部看过它们了。你知道改革保护过去、祖父保留是租约、稳定的内核几乎不动而天气永远在动。钟摆下次摆动时，你不会是半夜刷新标题的那个读者。你会是查一查哪个问题变了、抽出文件夹、从容打一通电话的那个人。

法律要求之外，不多交一分钱税。那是第一页的承诺。现在，它是你拥有的一项本事。

—— Roy

附录A —— 税改状态板

内容截至2026年7月19日。 税法在动；这张表是本书的带日期快照。细则落地随更新：rctaxpartners.com.au/playbook

措施	状态	起始	见
CGT：50%折扣由成本基数指数化+30%最低税率取代（个人、信托、合伙；持有满12个月；所有资产类别；**公司不变——**无折扣、无指数化）。新建住宅与符合条件的可负担住房（最高60%折扣保留）可在卖出时**选择**旧折扣——选折扣则视同出售规则与地板均不适用；领取指定收入支持金者经立法文书豁免于地板	**法律**——Treasury Laws Amendment (Tax Reform No. 1) Act 2026 (No. 49) + Income Tax Rates Amendment Act 2026 (No. 50)，2026年6月26日御准	2027年7月1日起累积的增值	第1–2、8章
过渡分段：过渡资产在分界线上**视同出售并重新取得**；名义增值递延至实际卖出；线前段保留折扣，线后段走指数化+地板；线值由正式估值或部长分摊文书（待发布）确定	**法律**（文书待发布）	2027年7月1日	第3章
Pre-CGT 资产入网（线后累积的增值；2027年7月1日估值）**——含公司持有的资产**；pre-CGT 资产的身故日市值抬升止于分界线（s128 身故承继本身不变）	**法律**	2027年7月1日	第3、25章
负扣税隔离至新房**及列明的住房优先类别**（首任投资买家）；**2026年5月12日晚**7:30（AEST）前购入或签约的持有获祖父保留；2026–27为过渡年；亏损先抵住宅租金、再抵住宅增值、然后结转；养老金基金与广泛持有信托排除在外	**法律**	2027–28财年起（分界线：2026预算之夜）	第4、14章
$1,000 工作相关标准抵扣	**法律**	2026–27	第5章

措施	状态	起始	见
Working Australians Tax Offset（$250，不可退还）	**法律**	2027–28	第5章
小企业 CGT：Subdiv 152-B 营业额门槛升至 $1,000万	**法律**	2027年7月1日	第5章；《四个杠杆》
Division 296（个人养老金总余额超 $300万 部分的已实现收益加征；$1,000万 以上更高一档）	**已生效**	2026年7月1日	第5、24章
全权信托收入30%最低税	**已宣布——非法律。** 咨询中——**咨询文件已于2026年7月发布**；预告豁免（遗嘱信托宣布在外）+ 3年重组过渡（自2027年7月1日起算；重组的专业费用与印花税不在补助之列）	拟2028年7月1日	第5、23、25章
FRCGW：15%预扣、无门槛；所有卖方需清税证明	法律（2025年1月1日起）	既有	第21章
自住房豁免	2026法案**未触动**	—	第15、19章
养老金 CGT 处理未触动；**住宅新增借款（LRBA）自2026年8月10日起关闭**（御准后45天；此前签约受保护）——存量贷款祖父保留且可续贷，商用物业借款不受影响	**法律**	2026年8月10日	第24章

付印时仍在落定的细则——本书以标注假设的方式写入；companion 页面随每项落地更新： 1. 2027年7月1日分段的部长分摊文书——预期为按时间摊分；同一文书亦管辖增值与亏损如何叠上两条腿（第3、14、20章）。 2. 逐要素 CPI 指数化机制（季度因子），在后续修法中（第2、18章）。 3. "新建住宅"的定义——刻意留待立法文书，部长可扩展至更多类别（第4、8章）。 4. 本书从"purchased after 7:30pm AEST 12 May 2026"语言采用的两

条操作性读法的 EM 级确认：祖父身份随业主取得日归属；线前购入的自住房线后首次出租仍保留祖父身份（第4、9、15章）。

companion 页面同时托管本书描述的工作工具——估值分段测算器与结转亏损登记册模板——按各章口径搭建。

附录B —— 抵扣速查表

处理代码：当年 = 本年度抵扣 · 5年 = 借款成本，摊五年 · *D43* = 资本工程，*2.5%/40*年 · *D40* = 设备，按使用寿命 · *CB* = 成本基数（自发生日起指数化） · ✗ = 永远不可抵。

购入时

项目	处理	章
成交价	CB（第一要素）	18
印花税；外国买家附加印花税；FIRB 费	CB	10
过户、买家中介、建筑与虫害、产权查册	CB	10
贷款申请、LMI、贷款估值、抵押登记	5年	9
交割调整——补偿卖方的市政费/水费	当年	10
交割时划给你的租金调整	收入	10
工料测量师报告	当年	13
起租前利息（有出租意图证据）	当年	8–10
看房差旅	✗	10
"初始维修"——购入时已存在的缺陷	CB / D43 / D40	10、13

每年

项目	处理	章
贷款利息（按用途追踪）	当年*	9、12
中介费与佣金；招租广告	当年	11

项目	处理	章
市政费；水费与排污费；土地税（含产生收入房产上的附加税）	当年	11、17
建筑险、房东险、财物险	当年	11
物业——管理与维修基金供款	当年	11
物业——资本工程特别征费	D43	11
维修与保养（出租期损坏、以旧换旧）	当年	13
园艺、清洁、除虫、银行手续费、会计费	当年	11
按 QS 折旧表提的折旧	D43/D40	13
预付利息/开支（> 12个月，按选择）	当年	12、20
你自己的劳动；任何差旅	✗	10–11

*对被隔离的房产，"当年"类抵扣照样全额计算——净亏损流向池子登记册，而非抵工资（第4、14章）。

工程与装修

项目	处理	章
出租期损坏的以旧换旧修复（含现代材料）	当年	13
改良；整体物更换（整个屋顶/整道栅栏）	D43	13
全新家电、地毯、窗帘、热水器、空调（你买新的）	D40	13
随房取得的二手设备（2017年后）	✗（入资本账户）	13
被拆除工程的残值/报废的合资格设备	当年（报废扣除）	13
退租后修复出租期损坏（即便临售前）	当年	13、20

卖出时

项目	处理	章
中介佣金、营销、拍卖师、律师费	CB（第二要素）	18
非收入年份的不可抵持有成本	CB（第三要素——不能制造亏损）	18

项目	处理	章
资本性改良，扣除已提 Div 43（回吐）	CB（第四要素）	18
产权保卫法律费	CB（第五要素）	18

附录C —— 记录清单

保存年限经验法则： CGT 记录要活到你卖出那一年的评税之后第五年——对房产而言就是几十年。全部数字化；文件夹要活得比手机、洪水和婚姻都久。

房产文件夹——购入时（第9–10章）

☐ 合同（首页日期可见）☐ 交割结算单——最值钱的一页纸 ☐ 印花税与附加税收据；FIRB 文件 ☐ 贷款文件包 + 书面贷款地图（按用途分账）☐ 建筑与虫害、过户发票 ☐ QS 报告 ☐ 购入日照片与验房报告（给损坏定年代）☐ 家里的钱写成文件——赠与函或借款协议、海外来源凭证链

持有期间（第11–17章）

☐ 中介年度对账单（已核对）☐ 师傅分项发票——维修行单列 ☐ 贷款流水；任何 redraw 当天标记 ☐ 保险、市政费、土地税通知—— 含非收入年份（第三要素）☐ 隔离亏损登记册——逐套、逐年、池内抵扣、期末余额 ☐ 租金复核与市场评估（尤其租给家人时）☐ 边界跨越证据——任何自住、出租变化当周的评估+照片 ☐ 标好比例的平面图 + 出租日历（任何部分自住收入）☐ 信托：契约、归属日、外国人排除修订、分配决议

2027档案——每套房，2027年冬（第3、6章）

☐ 2–3份日期贴近2027年6月30日的书面中介评估 ☐ 可比成交（整页挂牌存档）☐ 房况照片 ☐ Pre-CGT 资产：注册估值师正式报告 ☐ 涉及遗产的与遗嘱同档存放（第25章）

卖出时（第18-21章）

□挂牌前完成完整增值计算□退出发票——中介、营销、律师□清税证明（挂牌时申请；姓名与产权核对一致）——或变更申请+证据 □ 合同日期对照选定财年入日历□有任何疑问就做居民身份分析

常备登记册（整个组合）

□ 档位清单——每套房：合同日期、祖父保留/过渡/隔离 □ 土地税地图——业主、州、土地价值、门槛位置□亏损登记册（见上）□未用优惠性供款额度、五年回看□遗嘱、指定、和给执行人的两年窗协议

附录E —— 分诊矩阵

一件标准化资产，跑过两个世界，让你先找到自己的格子、再找第6章的类型。**假设：** 成本基数 $500,000、持有十年、CPI 每年2.5%（指数化后基数 ≈ $640,000）；"低税率"旧规则按24%建模、新规则被抬到30%地板。格子显示旧规则的税，**然后是新规则的税（加粗）**，对整笔增值。

年增长（10年后价格）	顶格 47%	中档 39%	低税率（地板咬住）
3%（$672k——慢）	$40,400 · $15,000	$33,500 · $12,400	$20,600 · $9,600
5%（$814k——稳）	$73,900 · $82,000	$61,300 · $68,000	$37,700 · $52,300
7%（$984k——强）	$113,600 · $161,500	$94,300 · $134,000	$58,000 · $103,100

怎么读。 年增长低于大约 4.6%（总涨幅低于两倍累计通胀——第2章的法则），新规则在任何税率下都征得更少；高于它，征得更多，而且差距随增长拉大。对低税率卖家，交叉点来得更早——约 3.9%——因为地板在税率旋钮上也惩罚他们。列和行一样要紧：同一套7%的房产，顶格业主在新规则下多交 $47,900，低税率业主多交 $45,100——地板几乎抹平了"在低收入年份变现"的旧优势（第20章）。

隔离的价格，一行讲完。 对线后购入的二手房，上面这张矩阵只是分诊的一半——另一半是：每年的租赁亏损如今以递延抵扣而非退税的形式回来。一块晚八年收回的钱，按普通折现率约值今天的 **68分**：把隔离的成本预算为**过去退税的三分之一左右**、按每个亏损年计，直到房产转正（第4、14章）。

仅为示意——实际 *CPI*、你的税阶、分界线上的分段和第20章的杠杆都会挪动你的格子。*companion* 页面的计算器跑你自己的数字。

附录D —— 中英术语对照表

你的会计师、过户师和银行会用到的每一个词——英文原词、中文对应、和一句白话。

2026年税改

English	中文	一句话白话
Tax Reform No. 1 Act 2026	2026年第一号税改法案	2026年6月重建房产税制的那部法律——本书的主题
CGT discount	CGT折扣	旧的"持有满12个月减半征税"规则；对2027年7月1日起累积的增值终止
Indexation	指数化	成本先随通胀长大、再量增值——只征真实利得
30% minimum rate ("the floor")	30%最低税率（"地板"）	资本利得按你的税率或30%取其高
The 1 July 2027 line	2027年7月1日分界线	估值线：线前的增值走旧规则，线后的走新规则
Hybrid method / split	分段	一次卖出、两条腿——线前旧规则、线后新规则
Grandfathering	祖父保留	规则改变时对既有持仓的保护——真实，但不是永远
Negative gearing	负扣税	租赁亏损抵你的其他收入——如今只留给新房
Quarantine	隔离	2026年5月12日当日或之后购入的二手住宅，亏损进池排队、不再抵工资退税

English	中文	一句话白话
Loss pool / carried-forward losses	亏损池 / 结转亏损	排队亏损的登记册——终将抵住宅租金与增值
New build (first investor purchaser)	新房（首任投资买家）	唯一还能旧式负扣税的住宅——且只属于它的首任投资业主
Pre-CGT asset	Pre-CGT 资产	CGT 诞生之前的资产——免税增长止于2027年分界线
Division 296	Division 296	养老金总余额超 $300万 部分的已实现收益加征的税
Trust minimum tax (proposal)	信托最低税（提案）	拟议中的2028年起家族信托收入30%地板——不是法律

买入与贷款

English	中文	一句话白话
Stamp duty / transfer duty	印花税	买入时交给州的税——进成本基数，不可抵扣
Surcharge purchaser duty	外国买家附加印花税	外国人在普通印花税之上另交的那层
FIRB approval	FIRB 审批	外国与临时居民买家先要拿的联邦许可（和费用）
Vacancy fee	空置费	外国人持有住宅空置时的年度联邦收费
Joint tenants	联名共有	生存者取得全部的共有方式——不走遗嘱
Tenants in common	按份共有	按选定份额（50/50、90/10）共有——按遗嘱传承
Offset account	Offset 账户	你的钱停在贷款旁边——抵减利息、永不改变贷款用途
Redraw	Redraw（再提取）	取回额外还款——新借款，用途看你把钱花在哪

English	中文	一句话白话
Mixed loan	混合贷款	一个账户、两种用途——第9章禁止的那种污染
Loan split	分账	一个用途一个贷款账户——干净的架构
Purpose test	用途测试	可抵扣性跟着借来的钱干了什么走，不跟抵押物走
Debt recycling	债务再造	把私人债务一轮一轮换成可抵扣的投资债务
Borrowing costs	借款成本	贷款费用与 LMI——摊五年抵扣
Cross-collateralisation	交叉抵押	一笔贷款押几套房——税上无碍、灵活性上吃亏

持有

English	中文	一句话白话
Rental schedule	租赁申报表	一年一页、一切现形的那一页
Repair	维修	出租期损坏的以旧换旧修复——当年抵
Improvement	改良	比原来更好、或整体更换——四十年每年2.5%
Initial repairs	初始维修	修你买来时就有的缺陷——资本性，再小也是
Division 43 (capital works)	Division 43（资本工程）	建造成本每年2.5%——日后调低成本基数（回吐）
Division 40 (plant & equipment)	Division 40（设备）	家电、地毯、窗帘——按使用寿命折旧；2017年起二手的不可提
Quantity surveyor (QS)	工料测量师	给你的折旧表定价的专业人士——交割时就下单
Scrapping	报废扣除	核销装修拆掉的东西——垃圾斗到场之前先定价

English	中文	一句话白话
Land tax	土地税	州对"拥有"逐年征的税——按业主、按州，自住房豁免
Absentee / foreign surcharge (land tax)	不在地/外国人附加（土地税）	外国业主逐年多交的那层——契约忘了排除外国人的信托同样中招
Main residence exemption	自住房豁免	家的整体 CGT 护盾——你此生最值钱的优惠
Market-value reset	市值重置	家首次出租视同当日按市值买入——居住年份的增长免税封存
Six-year rule	六年规则	旧家出租最长六年、照样免税卖出——卖出时带后见之明选择
Granny flat arrangement	Granny flat 安排	为长者设立的书面居住权——2021年起免 CGT

卖出

English	中文	一句话白话
CGT event / contract date	CGT 事件 / 合同日	增值发生在签约那天——交割只是钱在动
Cost base (five elements)	成本基数（五大要素）	价款、双向附带成本、非收入持有成本、改良、产权保卫——全部指数化
Clearance certificate	清税证明	每位卖方交给买方的 ATO 文件——否则成交价的15%被预扣
FRCGW / withholding	FRCGW / 预扣	交割时按成交价扣15%，除非有证明或变更
Variation	变更申请	把预扣压到真实税负的申请——挂牌时就提交
Capital vs revenue	资本与经营	投资者变现资产，还是生意人赚取利润——最古老、最贵的那条线
Mere realisation	单纯变现	把持有的东西卖掉（哪怕卖得聪明）——留在 CGT 世界

English	中文	一句话白话
Isolated profit-making transaction	一次性逐利交易	为利润做的一次性买卖——普通所得（Myer 法理）
Margin scheme	差额计税	GST 按差额而非全价——必须写进合同才有效
Private ruling	私人裁定	ATO 对你的事实给出的有约束力答案——六位数问题的便宜确定性

架构、遗产与跨境

English	中文	一句话白话
Discretionary (family) trust	全权（家族）信托	灵活的架构——保护、传承、分流；头顶2028年一朵云
Trustee / appointor / beneficiary	受托人 / 任命人 / 受益人	谁在跑、谁管着跑的人、谁从中拿钱
Streaming	分流	每年把信托收入导向家里税率最低的人
Vesting date	归属日	信托按自身条款终局的那一天——赶在提案之前先查它
Resettlement	信托重设	深到造出"新信托"的修订——一切资产的CGT 与印花税
SMSF	SMSF（自管养老金）	你自己的养老金基金——长持增值10%、支付期0%、无隔离
LRBA	LRBA（有限追索借款）	SMSF 借款的方式——2026年起住宅新贷关闭、仅限商用物业；单一资产、裸信托、可修不可改良
Concessional contributions / carry-forward cap	优惠性供款 / 补缴额度	可抵扣的养老金供款——五年未用额度，卖出年一次花掉
Two-year rule (estates)	两年规则（遗产）	继承的自住房在身故后两年内售出——全额豁免；执行人的黄金截止日

English	中文	一句话白话
CGT event K3	CGT 事件 K3	股票留给外国税务居民受益人——在逝者的最后一份申报表里征税
Testamentary trust	遗嘱信托	生于遗嘱的信托——未成年人按成人税率、自带保护
Tax residency	税务居民身份	由家、家人与驻留构成的事实画面——不是国籍、不是签证
Taxable Australian property (TAP)	应税澳洲财产	澳洲不动产——无论你成为谁，永远不离开澳洲税网
Deemed acquisition ("arrival uplift")	视同取得（落地抬升）	成为居民之日，境外资产按当日市值重置——此前增长一笔勾销
Foreign trust distributions (s99B)	外国信托分配（s99B）	境外信托付给澳洲居民的钱——移民最大的可避免税；在成为居民之前解决
CRS	CRS（共同申报准则）	税务机关之间的自动数据交换——两边都看得见一切
Double tax agreement (DTA)	双边税收协定	拆解双重居民身份、在两国间分配征税权的条约

关于作者

Roy Ren，CPA、注册税务师，悉尼 Macquarie Park RC Tax Partners 创始人——一家双语税务与咨询事务所，服务澳洲小生意主和房产投资者，其中许多人同时驾驭着两种语言、两套税制、和一个非常执着的 ATO。事务所的口碑恰恰建立在这本书描述的工作上：持有架构、2026过渡、跨境排序、和那些赢下审计的不起眼的文件夹。

他著有《**四个杠杆**》——澳洲小生意税务的姊妹指南——并在微信、小红书、YouTube、Facebook、LinkedIn 与 Instagram 面向广大受众发布免费税务教育视频，粉丝们对那句标准倒背如流：**澳洲房产找Roy，不多交一分钱税**。

他和家人住在悉尼，拳击打得不好但打得起劲，自己的房产文件夹完全按第10章说的方式整理。

rctaxpartners.com.au

Roy Ren 的其他作品

《**四个杠杆**》——澳洲小生意主的省税指南。 如果这栋楼和楼里的生意都是你的，它是这套打法的另一半。中英文版均已出版。

索引

1987测试　16、40、49、54、56、108、165
2028信托提案　3、14、20、36、40、45、46、51、53、56、62、68 ...
30%地板（最低税率）　12、15、16、19、20、25、28、32、45、47、48、49 ...
报废扣除　102、103、192、201
变更申请　150、151、152、183、196、202
标准抵扣（$1,000）　43、44、48、187
补缴额度　146、148、166、168、169、203
差额计税　155、203
池子（隔离亏损）　37、38、40、41、52、55、56、59、60、61、65、68 ...
初始维修　81、84、89、90、100、103、191、201
CRS　179、181、204
单纯变现　154、155、157、202
David（刘）　3、54、81、82、125、126、141、150、151、178、179
登记册（结转亏损）　42、49、52、54、89、105、106、107、108、109、110、114 ...
地板下捐赠　146、148
Division 296　12、44、45、48、62、165、167、169、188、200
Division 40（设备）　66、67、81、100、101、201
Division 43（资本工程）　66、67、100、101、102、103、134、135、137、193、201
分段（两条腿）　5、12、14、23、25、27、28、29、31、33、38、51 ...
分界线（2027年7月1日）　2、5、20、23、27、28、29、31、33、37、39、49 ...
分流（信托）　161、162、163、173、203
分数（分摊）　113、114、115、118、119、120、121、141、142、172
分账（贷款）　74、76、77、78、82、94、95、96、97、98、195、201
FIRB　81、82、83、84、151、191、195、200
FRCGW（预扣）　11、131、149、151、188、202
附加税（外国人）　81、82、83、126、151、191、202
负扣税　1、2、5、7、9、10、11、12、14、22、23、35 ...
隔离（负扣税）　2、5、7、9、10、11、12、13、14、16、23、35 ...
搁浅余额　61、107、108、109、110
工料测量师（QS）　71、81、84、88、100、102、191、201
granny flat　85、117、118、119、120、121
归属日　163、164、184、195、203
过渡档　37、38、39、42、51、52、56
合并计税（土地税）　64、124、126、129

Helen（张） 3、22、23、31、32、53、119、120、171、173、175

合同日 4、13、14、37、42、50、52、56、68、71、128、133…

回吐（Div 43） 68、69、71、134、135、137、193、201

混合贷款 73、74、76、77、93、94、98、201

Jason 与 Mia（陈家） 3、21、37、38、52、60、61、62、63、64、67、69…

交叉抵押 76、201

交割结算单 79、80、81、82、84、195

借款成本 76、78、79、84、88、90、191、201

进场成本（三个桶） 79、80、83、84

经营与资本 8、13、153、154、155、156、157、202、203

计税日 123、127、129、164、183

K3（CGT事件） 172、173、174、175、204

Kevin（吴） 3、17、23、29、33、37、40、51、93、94、95、99…

空置费 81、82、127、200

两公顷选择 139、140、142、143

两年规则（遗产） 171、174、175、184、196、203

裂缝（部分出租） 11、48、117、118、119、120、121

林家（信托） 3、45、46、47、53、127、161、162、164

六个月重叠 114、139、141

六年规则 112、116、139、141、202

LRBA（有限追索借款） 166、188、203

落地抬升 177、181

耐心红利 146、147

offset 账户 40、55、74、75、78、82、94、96、98、107、110、112…

拍照（线值证据） 27、28、29、30、31、32、49、53、56、134、135、171…

pre-CGT 资产 5、9、12、13、14、20、27、28、29、31、32、33…

清税证明 149、150、151、152、183、188、196、202

亲友价 88、91、165

redraw（再提取） 74、75、76、77、78、93、98、183、195、200

s99B（外国信托） 178、180、204

视同出售与重新取得 28、66、187

视同外国信托 127

市值重置 112、113、116、118、121、139、141、202、204

收割亏损 146、147、148、167

首任投资买家（新房） 35、36、66、69、187

税务居民身份 54、81、116、129、141、142、151、177、179、181、196、204

数据比对 90、94、117、121

四年规则（自建） 141、143

私人裁定 156、157、203

SMSF（自管养老金） 21、36、165、166、167、203

TAP（应税澳洲财产） 172、178、181、204

停放，不偿还 74、75、96

土地税 11、59、62、63、64、81、82、85、88、123、124、125…
WATO 44
五大要素（成本基数） 18、33、134、135、136、137、183、192、195
五个问题 13、16、183、184
信托重设 163、203
移民前规划 178、179、180
印花税 33、41、46、48、51、53、59、63、64、79、80、81…
异议（土地估值） 125、128、129、140、183
遗嘱信托 45、173、174、188、204
用途测试（贷款） 74、82、183、191、195、201
优惠性供款 146、147、166、168、196、203
御准之间 45、46、48、49、162、164、166、183、187、188
债务再造 95、96、98、201
证据档案 25、32、33、50、52、54、112、156、184
只还息 75、78、94、96、98、107、110
指数化 7、9、10、11、12、14、15、18、19、20、21、22…
转售星号 40、52、68、69、71
自住房豁免 2、9、14、23、31、111、117、131、139、141、143、153…
祖父保留 7、8、11、12、13、14、16、36、37、38、39、40…
租赁申报表 44、85、87、89、91、92、134、201

www.ingramcontent.com/pod-product-compliance
Lightning Source LLC
LaVergne TN
LVHW022210200926
848481LV00006B/1917
9781764795333